般若心経現代語釈

現代宇宙観と般若心

榮西心を宣言す

小島隆夫

大哉
心乎

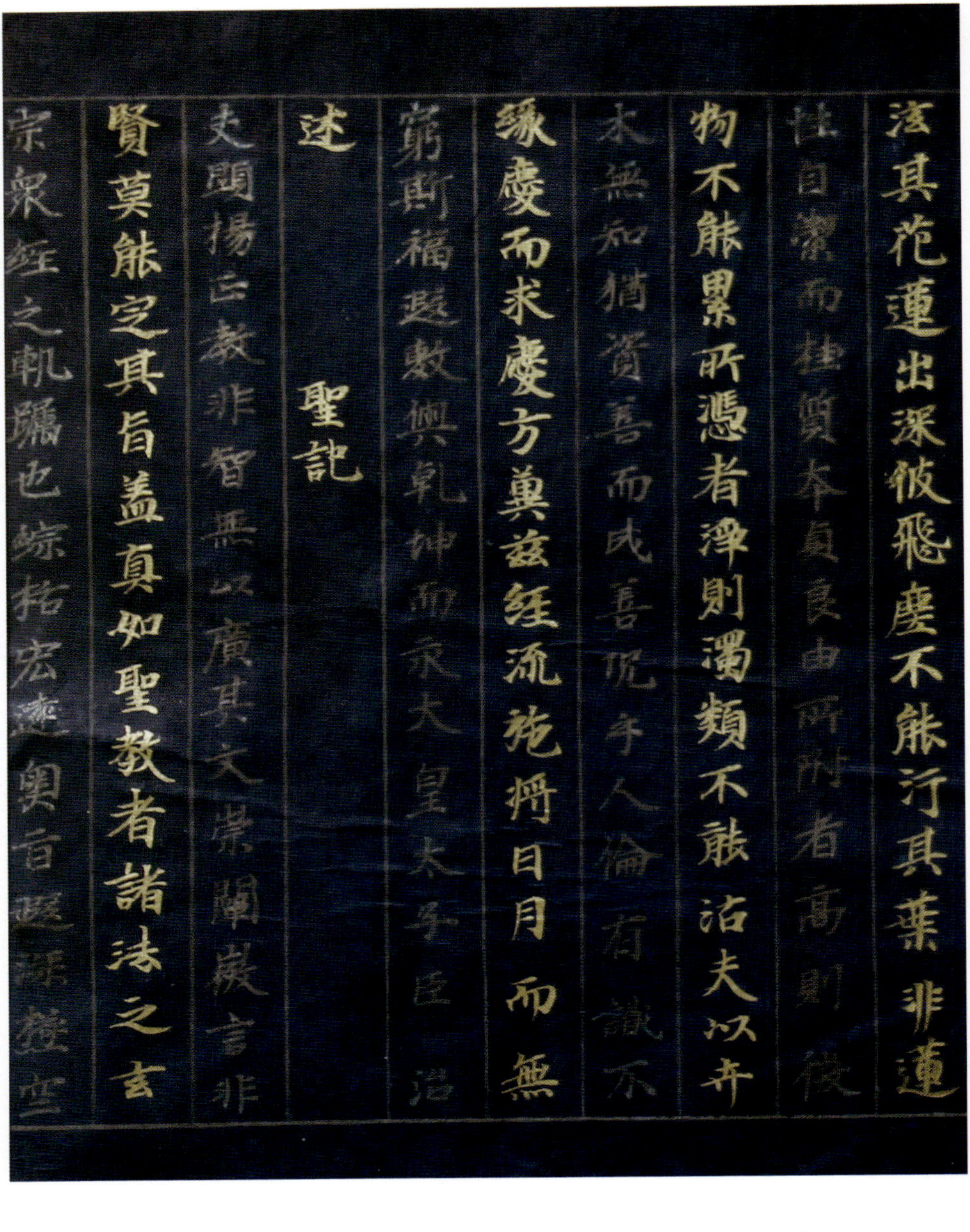

泫其花蓮出淥波飛塵不能汙其葉非蓮
性自潔而桂質本貞良由所附者高則微
物不能累所憑者淨則濁類不能沾夫以卉
木無知猶資善而成善況乎人倫有識不
緣慶而求慶方冀茲經流施將日月而無
窮斯福遐敷與乾坤而永大皇太子臣治
述　聖記
夫顯揚正教非智無以廣其文崇闡微言非
賢莫能定其旨蓋真如聖教者諸法之玄
宗衆經之軌躅也綜括宏遠奧旨遐深極空

集字聖教之序　聖記　紺紙金銀字交書一切経　中尊寺

般若心経　神護寺経　見返し

摩訶般若波羅蜜多心經
觀自在菩薩行深般若波羅蜜多時照見五
蘊皆空度一切苦厄舍利子色不異空空
不異色色即是空空即是色受想行識亦復
如是舍利子是諸法空相不生不滅不垢不
淨不增不減是故空中无色无受想行識无
眼耳鼻舌身意无色聲香味觸法无眼界乃
至无意識界无无明亦无无明盡乃至无老
死亦无老死盡无苦集滅道无智亦无得已
无所得故菩提薩埵依般若波羅蜜多故心
神護寺

般若心経　神護寺経

无罣礙无罣礙故无有恐怖遠離一切顛倒
夢想究竟涅槃三世諸佛依般若波羅蜜多
故得阿耨多羅三藐三菩提故知般若波羅
蜜多是大神咒是大明咒是无上咒是无等
等咒能除一切苦真實不虛故說般若波羅
蜜多咒即說咒曰
揭諦揭諦 波羅揭諦 波羅僧揭諦 菩提薩婆訶

摩訶般若波羅蜜多心経

大将軍神像

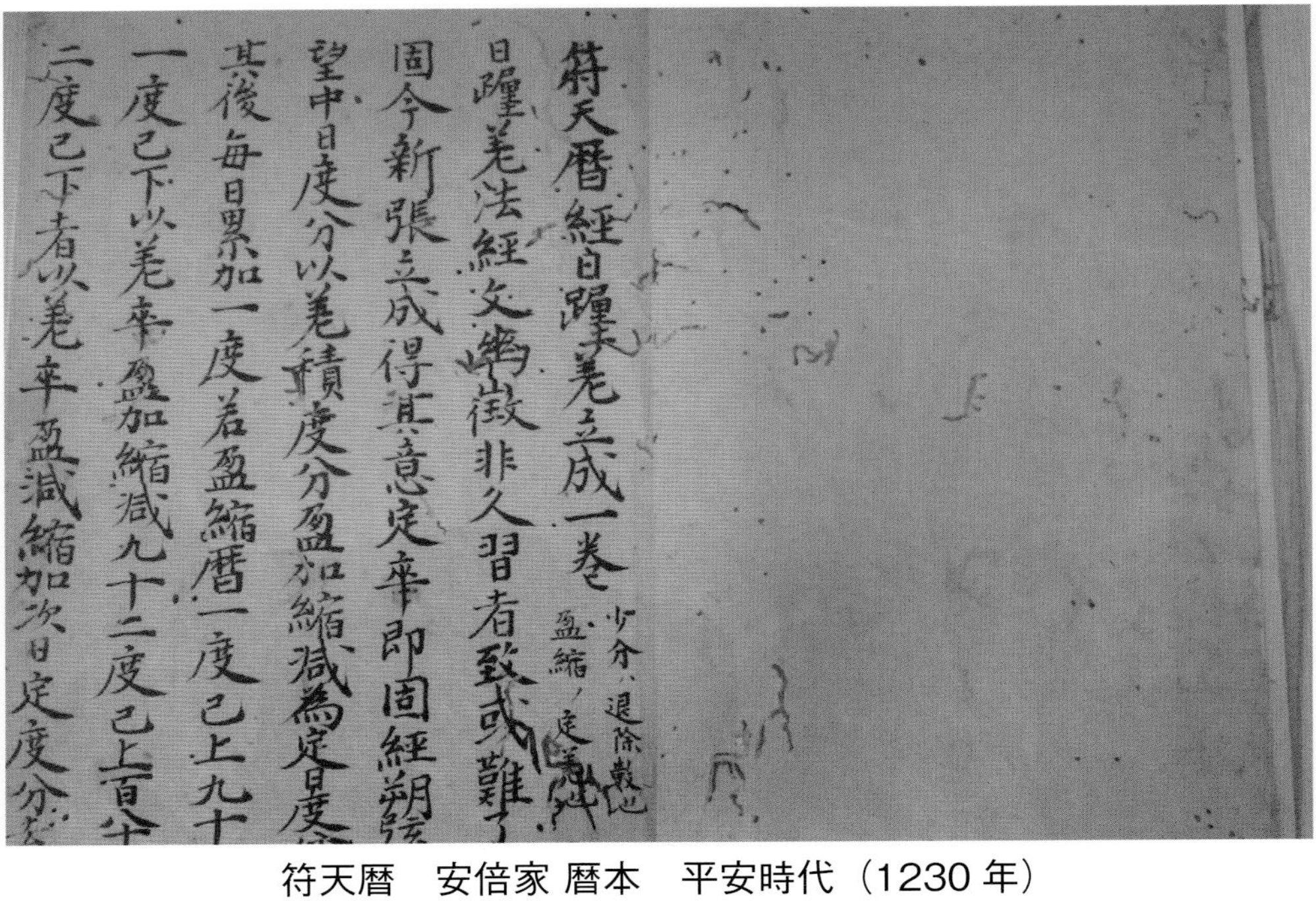

符天暦経日躔差立成一巻

日躔差法経文幽微非久習者致或難

固今新張立成得其意定率即因経朔

望中日度分以差積度分盈加縮減為定日度分

其後毎日累加一度若盈縮暦一度已上九十

一度已下以差率盈加縮減九十二度已上百八十

二度已下者以差率盈減縮加次日定度分

符天暦　安倍家 暦本　平安時代（1230 年）

大将軍八神社

大将軍神像群

星曼荼羅図　高倉寺宝積院

星曼荼羅　部分拡大図

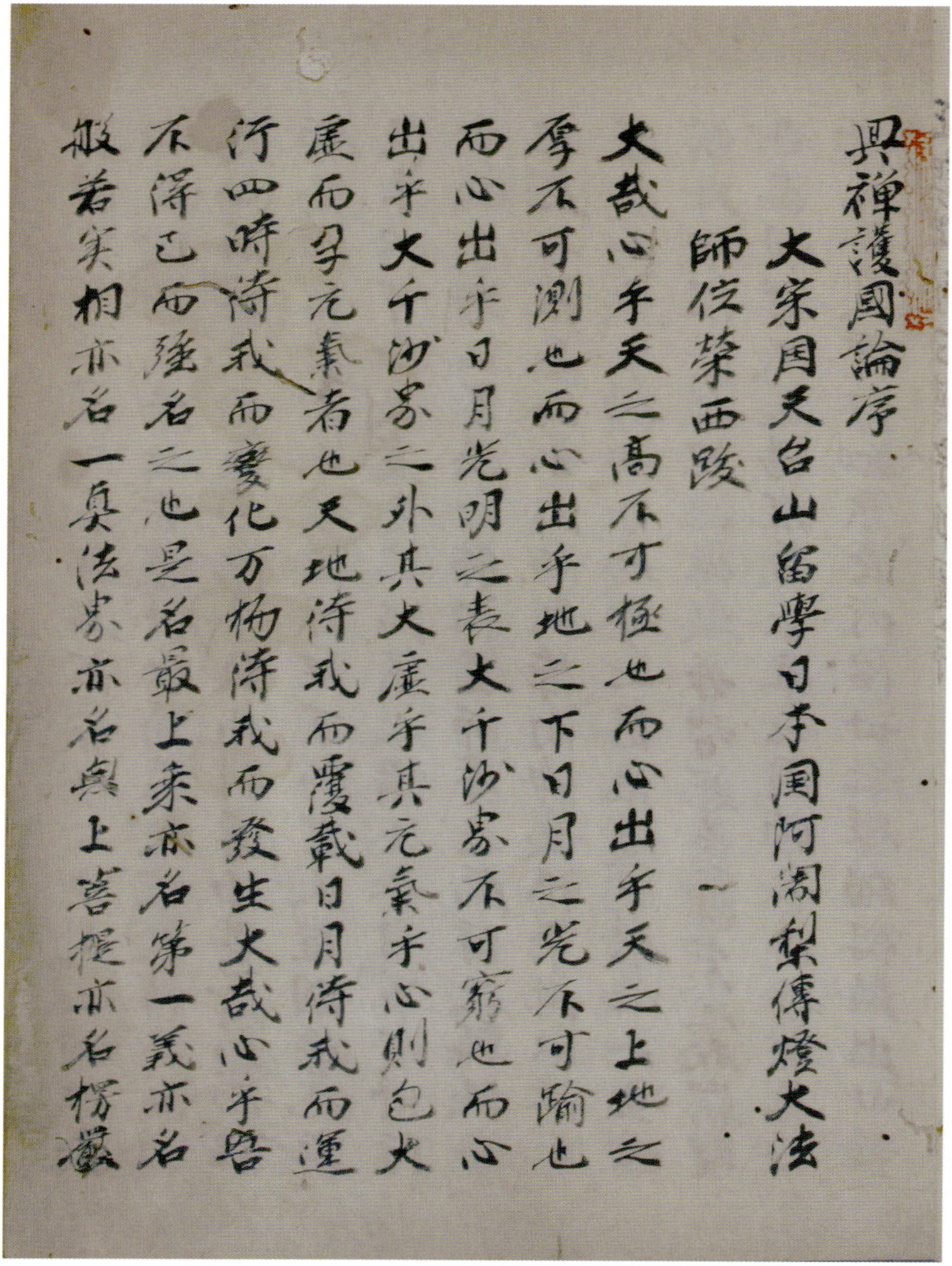
興禪護國論序
大宋国天台山留學日本国阿闍梨傳燈大法
師位榮西跋
一
大哉心乎天之高不可極也而心出乎天之上地之
厚不可測也而心出乎地之下日月之光不可踰也
而心出乎日月光明之表大千沙界不可窮也而心
出乎大千沙界之外其大虛乎其元氣乎心則包大
虛而孕元氣者也天地待我而覆載日月待我而運
行四時待我而變化万物待我而發生大哉心乎吾
不得已而強名之也是名最上乘亦名第一義亦名
般若実相亦名一眞法界亦名無上菩提亦名楞嚴

興禅護国論　利峰東鋭浄書　　両足院 蔵

興禪護國論序

大宋國天台山留學日本國阿闍梨傳燈大法師位榮西述

大哉心乎、天之高不可極也、而心出乎天之上、地之厚不可測也、而心出乎地之下、日月之光不可踰也、而心出乎日月光明之表、大千沙界不可窮也、而心出乎大千沙界之外、其太虚乎、其元氣乎、心則包太虚而孕元氣者也、天地待我而覆載、日月待我而運行、四時待我而變化、萬物待我而發生、大哉心乎、吾不得已而強名之也、是名最上乘、亦名第一義、亦名般若實相、亦名一眞法界、亦名無上菩提、亦名楞嚴三

興禅護国論　高峰東晙筆　　両足院 蔵

梵字　悉雲章抄　経巻

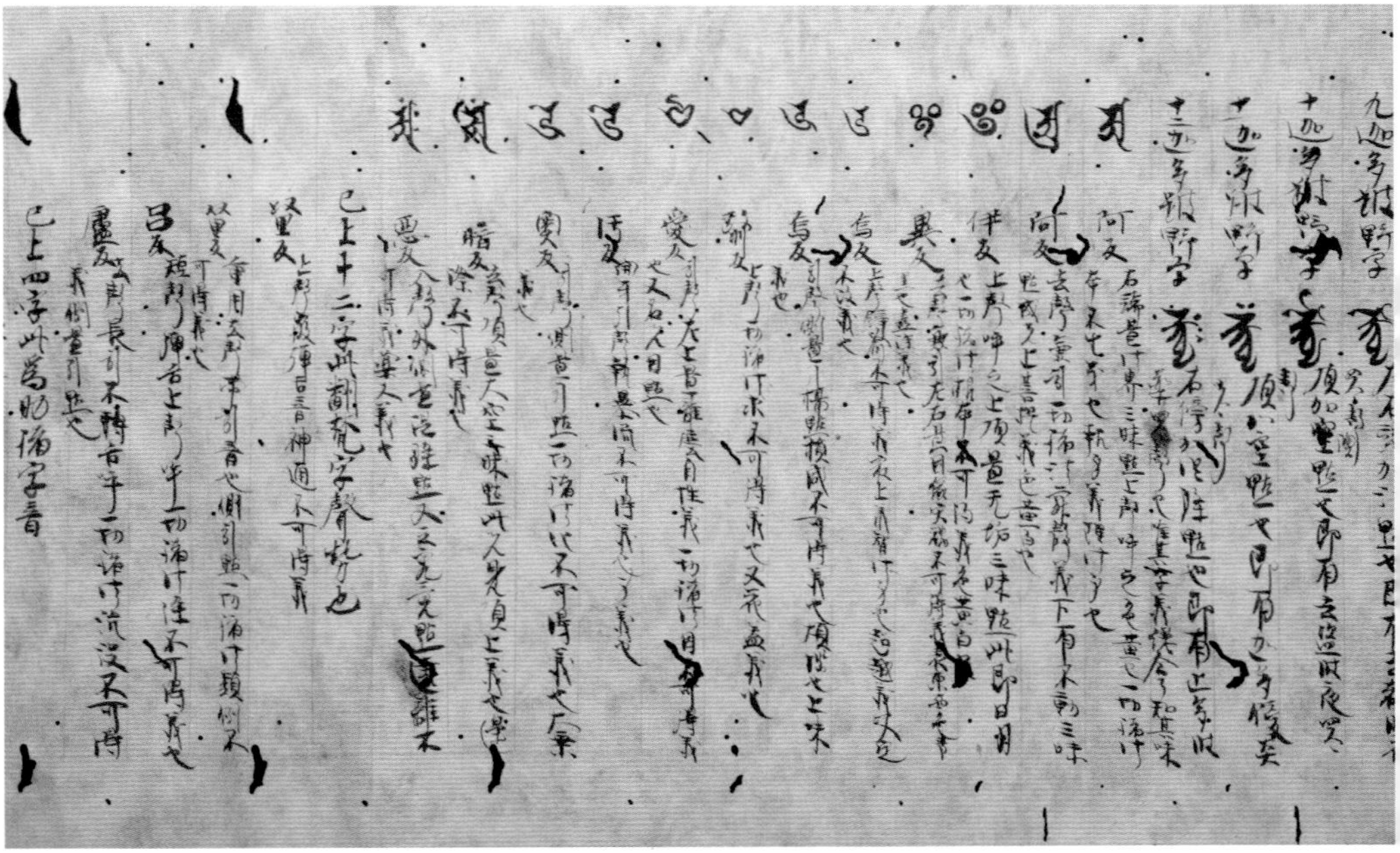

梵字漢字（アイウエオ順）対称引き　参照１

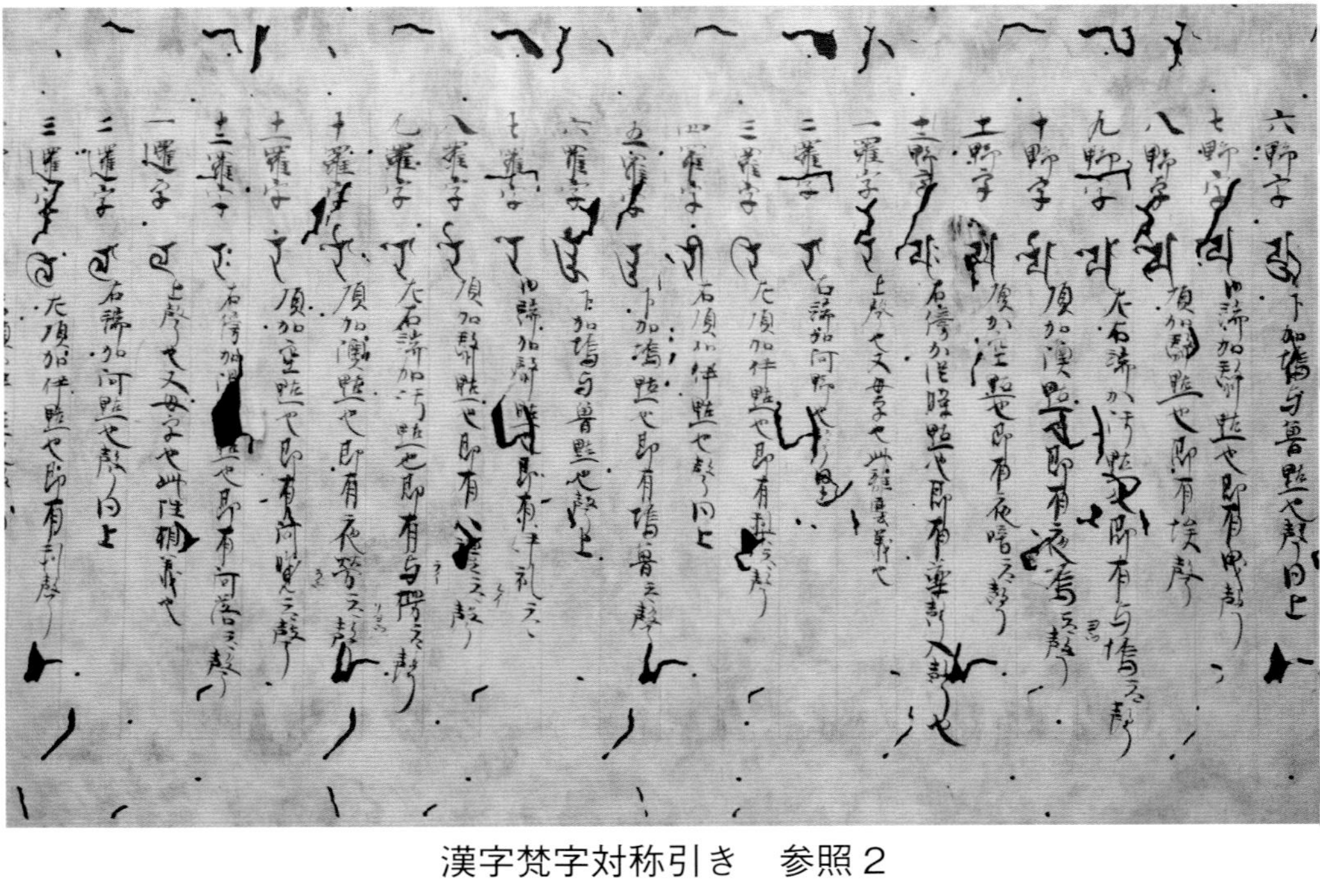

漢字梵字対称引き　参照２

木公兼露點保千世世
生涯舟頂佛華表養盤

松は露點《ロテン》を兼《カ》ね千世世を保つ
生涯を舟に頂き佛華《ブッカ》は盤《バン》養《やしな》うを表《あらわ》す

伝　栄西禅師

極札　畠山牛庵

般若心経

—和訳—　（現代和訳）

［序分］〈宣言〉

観自在菩薩《かんじざいぼさつ》　（自らが迷い無き菩薩で在られることを…。）

行深《ぎょうじん》般若《はんにゃ》波羅密多《はらみった》時《じ》　（若々しい心を、あまねく充ちわたらせ拡げれば、）

照見《しょうけん》五蘊《ごうん》皆空《かいくう》　（感じ、考え、行動し、判断する心身すべてのことが、
変わりゆくものと知り、）

度《ど》一切《いっさい》苦厄《くやく》　（すべての苦しみ悩みは取り除かれましょう。）

［正宗分］〈総論〉（空）

舎利子《しゃりし》
（シャリシーよ、）

色不異空《しきふいくう》
（形あるものは、形づくるものと異ならず、）

空不異色《くうふいしき》
（形づくるものは、形あるものを形づくり。）

色即是空《しきそくぜくう》
（形ある心身は、形づくるものと同じであり、）

空即是色《くうそくぜしき》
（形づくるものは、形ある心身を形づくる。）

受想行識《じゅそうぎょうしき》
（感じ、考え、行動し、判断している心身の動きも、）

亦復如是《やくぶにょぜ》
（また同じく形つくられ変わりゆくものなり。）

〈事象〉（無）

舎利子《しゃりし》
（シャリシーよ、）

是諸法空想《ぜしょほうくうそう》
（この世のあらわれ・理《ことわり》りも、想いかわりゆくものであり、）

不生不滅《ふしょうふめつ》
（生じることも、滅することもなく）

不垢不浄《ふくふじょう》
（よごさることもなく、浄めるられることもなく、）

不増不減《ふぞうふげん》
（増えることもなく、減ることもない。）

是《ぜ》故《こ》空《くう》中《ちゅう》無《む》色《しき》
(是れが故に、形づくるものの中に、定まれりものはなく、)

無《む》受《じゅ》想《そう》行《ぎょう》識《しき》
(感覚も表象・活動・識別もかわり)

無《む》眼《げん》耳《じ》鼻《び》舌《ぜっ》身《しん》意《い》
(眼・耳・鼻・舌・身体・意志といったものすらかわり、)

無《む》色《しき》声《しょう》香《こう》味《み》触《しょく》法《ほう》
(視覚・聴覚・嗅覚・味覚・触覚・意識も、かわり)

無《む》眼《がん》界《かい》乃《ない》至《し》無《む》意《い》識《しき》界《かい》
(視覚の世界から意識の世界にまでもが、かわりゆく。)

無《む》無《む》明《みょう》
(おろかにならず)

亦《やく》無《む》無《む》明《みょう》尽《じん》
(おろかに尽きることもなく。)

乃《ない》至《し》無《む》老《ろう》死《し》
(衰え亡くなることなく)

亦《やく》無《む》老《ろう》死《し》尽《じん》
(衰え亡くなり尽きることもなく。)

無《む》苦《く》集《しゅう》滅《めつ》道《どう》
(苦しみを集め滅び進むことなく)

無《む》知《ち》亦《やく》無《む》得《とく》
(それらにかかわり、受け得ることもない。)

〈結〉

以《い》無《む》所《しょ》得《とく》故《こ》
(受け得るところも無き故に、)

菩提薩《ぼだいさつ》
依般若波羅密多《えはんにゃはらみった》
故心《こしん》 無圭礙《けけげ》
無圭礙故無有恐怖《むけげこむうくふ》
遠離一切転倒夢想《おんりいっさいてんどうむそう》
究竟涅槃《くきょうねはん》

［流通分］〈決意祈祷〉

三世諸仏《さんぜしょぶつ》
依般若波羅密多故《えはんにゃはらみったこ》
得阿耨多羅三藐三菩提《えあくたらさんみゃくさんぼだい》
故知般若《こちはんにゃ》
波羅密多《はらみつた》
是大神呪《ぜだいじんしゅ》

（迷い無き衆集《しゅじゅう》として、）
（若々しい心を、あまねく充《み》ちわたらせ拡《ひろ》げるならば、）
（もとより心に障《さわ》り妨《さまた》げなく、）
（障り妨げ無き故に、恐怖《おそれ》がある訳もなく、）
（一切の本末転倒した考えや夢想から遠く離れ、）
（煩悩の火が打ち消され悟りとなる境地に、究《きわ》み至《いた》れり。）
（むかしも、今も、先々も、私たちの内なる佛は）
（若々しい心を、あまねく充《み》ちわたらせ拡《ひろ》げることで、）
（この上なき正しき悟りを得ておられ、）
（若々しい心を、知る故に）
（あまねく充《み》ちわたる至上の域に至れましょう。）
（是れ、気の神妙不可思議なはからいと、自らに告げ）

是《ぜ》大明呪《だいみょうしゅ》

是《ぜ》無上呪《むじょうしゅ》

是《ぜ》無《む》等等呪《とうどうしゅ》

能除一切苦《のうじょいっさいく》

真実不虚《しんじつふこ》

故説般若波羅蜜多呪《こせつはんにゃはらみったしゅ》

即説呪曰《そくせつしゅはく》

羯諦羯諦波羅羯諦《ぎゃていぎゃていはらぎゃてい》

波羅僧羯諦《はらそうぎゃてい》

薩婆訶《そわか》

般若心経《はんにゃしんぎょう》

(是れ、大いなる明知であると、自らに告げ)

(是れ、この上なきことなりと、自らに告げ)

(是れ、くらぶるべきものなきなりと、自らに告げよ。)

(よく一切の苦を除き)

(真実そのものであって虚妄ではない)

(若々しい心を、あまねく充《み》ちわたらせ拡《ひろ》げ行くべくと
自らに告げ。)

(いますぐに己《おのれ》自身に、説き告げよ。)

(直覚《さと》れよ直覚《さと》れ、到《いた》れよ、直覚《さと》れ)

(ひろげよ、僧よ、直覚《さと》らせよ)

(すべての煩悩の火が消えて、清々しい心身であられるべく。)

(幸《さいわい》あれ。)

(若々しき生きる心のお経)

般若心経　要旨説明

遠く山々を見ている私と山々の間に、さえぎるものはなく、夜空に輝く月や星の宇宙には限りなく真空の空間が悠久の時を超えて、無窮の彼方へと拡がっている。

「無としての空間」としての宇宙・大宇宙にあって、太陽や星を集めた物質は、全宇宙の4.9％しか占め得ず、現代科学で判明出来ない故にダークと称されるダークマターは26.8％、ダークエネルギーが68.3％を占めてます。（2013年現在の観測数値）

この世界が何によって創られているのか、

極小の物質へ分解の過程を現代素粒子論と仏教の原子論・五元素説で比較しますと、

現代素粒子　　物体→化学物質→分子→原子→素粒子→中性子・陽子→クォーク（6種）
→電子→　→　→レプトン（6種）

仏教五元素　　物体→微塵→七極微(成分子)→極微→→元素(地大・水大・火大・風大)
気→→元素（空）

宇宙の成分分布として

現代宇宙　　物質4.9％→→ダークマター26.8％→→→ダークエネルギー68.3％
仏教宇宙観　物質界（欲界）→色界（無欲な世界）→無色界（精神的だけの世界）

物を構成する素粒子はクォークであり、電気の仲間はレプトンであるのと同じく、仏教では、物を構成する四元素と、他に物質以外を極微「気」とする元素「空」があります。

電子にプラス・マイナスがあるように、「気」にも陰と陽の性質があります。

般若心経においては、「色不異空・空不異色」、かたちあるものと、実体なきものは、不異（異ならず）として物質と宇宙、存在論を展開しています。

般《ハン》・若《ニャ》・波《ハ》・羅《ラ》・密《ミ》・多《タ》を、漢語に直訳しますと、「若々しい生命気力はあまねく波及し、より多く気を密に充実させる」となります。若々しさの為の、新しい事象を見極め（智）分析統合（慧）する力＝智慧を般若としています。

水が熱せられ、水蒸気になって冷めれば、また水に戻り、その質量は不変とする「質量保存の法則」（ラボアジェ）。化学反応よりも高エネルギーな核反応による「相対性理論」―エネルギーと物質は等価である―（アインシュタイン）は、エネルギーを空、物質を色と読み替えれば、「色即是空・空即是色」と同様の意味に解釈する事ができます。

肉体の活動を原子・分子レベルで把握し、遺伝子を発見した現代生命科学の考えは、「進化した生命体は、食物を咀嚼《そしゃく》・採取して、溶解・イオン化し、原子分子レベルにまで分解して体内に取り入れ、これら原子・分子を自らの肉体に適合すべく遺伝子情報に従い、20種類のアミノ酸を生成して1万種以上のタンパク質を合成して肉体は作られている。」

「体内では常に化学物質による化学反応が行われ、原子・分子は合成・分解され数ヶ月で体内への取入れ・排出が行われている」と概観できます。

般若心経では、

色・受・想・行・識（肉体・感受器管・感覚表象・肉体精神活動・識別・道理）として各々が、「無」固定的な状態で有り得ず、変わりゆくものと表現されています。

子供達が作った砂場のお城も、放って置けば、自然につぶれ砂に戻っていく、全てのものは、無秩序状態・ランダムな状態に戻っていく―「エントロピー増大の法則」（ものごとは放っておけば自然に無秩序状態に変わっていく）、シュレーディンガーは、子供の力でお城という秩序を取り戻すのと同じく、肉体の秩序を維持する為に「食物」が―いわゆる概念・負のエントロピー（秩序立てるもの）を使い―取り込まれているとします。

般若心経では、肉体の活動している状態を無老死（衰弱滅亡しない）と表現、精神の活動している状態を無無明（意識精神が明朗活発である）と表現して、肉体に限らず生命心理・精神活動においても、「般若」を概念的に負のエントロピーとして「生命秩序」の構築に実践努力すべきとしています。

山の小川の水が池に流れ込み、池の水位は保たれたまま、別の小川をつたって

海へと水が流れていく、

シェーンハイマーは、同位元素の観察を続け、原子分子として食物が肉体に取り込まれ・排出されていく過程を、「生命体は流動的にして固定的な実体有るものではない―生命の動的な平衡状態」と規定してます。

般若心経においては「無受相行識」（感覚器・感覚・活動・判別）に例え、事象・現象は可変・固定的なものではないとしています。

「無」から、素粒子・原子・分子・アミノ酸・タンパク質・太陽・星・宇宙が創り出され、「無」から、覚醒・無意識・意識・記憶・経験・自我・感情・理性・自己宇宙が産まれ、「無」という共通項から、「梵我一如」（人と天は一致する）―個人宇宙と、自然宇宙は、

同根同質―との考え方が発生してます。

シュレーディンガーは、「自我の意識は必ず単数の形のみで経験され、私という意識の画布《キャンパス》に経験と記憶を集めて絵を描く」と語っていますが、

栄西は「天地は我を待って履載《ふさい》し、…万物は我を待って発生す」と意識の発生とその重要性・大宇宙と個人宇宙を語っています。

宇宙を生み出す「無」の彼方、覚醒・意識を生み出す「無」の彼方にあるものは、何か。
現在、「無からの宇宙創成論」（ビレンケン）からは、インフラトンと仮称されていますが、
栄西は、生命の不思議を知り、万民が平等に具有する意識の「無」の先を「心」と名付け、
「般若」の教え「命守るを賢し」として充実なる人間賛美をしています。

大いなる哉心や、吾れ已むを得ずして強いて之に名づく。

然て、心とは

般若心経　九拝拝伏

般若心経　―現代―　（現代語訳）

［序分］〈宣言〉

観自在菩薩《かんじざいぼさつ》　（自らが迷い無き菩薩で在られることを…。）

行《ぎょう》深般若波羅蜜多時《じんはんにゃはらみったじ》　（事象を把握する智と、解決する慧の源である若々しさを波が広がる如く全てを網かける如く密度高く充実する時、）

照《しょう》見五蘊皆空《けんごうんかいくう》　（心身を構成する五つの要素―肉体・感覚器管・精神活動・識別作用・道理分別―すら全てが流動的に変化すると理解できるでしょう、）

度一切苦厄《どいっさいくやく》　（またすべての苦しみ悩みは取り除かれるでしょう。）

［正宗分］〈総論〉（空）

舎利子《しゃりし》　（シャリシーよ、）

色不異空《しきふいくう》　（物質は、極小の分子・原子、さらには超極小の素粒子である
クォーク、レプトンにより構成され秩序建てられているが
故にそれらと異ならず）

空不異色《くうふいしき》　（極小の分子・原子、さらには超極小の素粒子達は、物質自身
を秩序建て構成するが故に、物質と異なるものではない。）

色即是空《しきそくぜくう》　（これら粒子達が常に入れ替わり、肉体は秩序建てられている
が故に、肉体は流動的にして常に同様の形態を保っており、）

空即是色《くうそくぜしき》　（秩序建てている分子・原子、素粒子そのものが、肉体である。）

受想行識《じゅそうぎょうしき》　（肉体上での四つの働き〔感受・表象・活動・識別〕も、）

亦復如是《やくぶにょぜ》　（また同じく流動的にして秩序建てられている。）

〈事象〉（無）

舎《しゃ》利《り》子《し》　（シャリシーよ、）

是《ぜ》諸《しょ》法《ほう》空《くう》想《そう》　（これら自然界の事象や法則も、流動的かつ可変な想念であり、）

不《ふ》生《しょう》不《ふ》滅《めつ》　（生じることも、滅することもない。）

不《ふ》垢《く》不《ふ》浄《じょう》　（よごさるものでもなく、浄められるものでもなく、）

不《ふ》増《ぞう》不《ふ》減《げん》　（増えることもなく、減ることもない。）

是《ぜ》故《こ》空《くう》中《ちゅう》無《む》色《しき》　（是れが故に、形創るものの中に、秩序建てられる形はなく、）

無《む》受《じゅ》想《そう》行《ぎょう》識《しき》　（感覚も表象・活動・識別も固定的ではなく）

無《む》眼《げん》耳《じ》鼻《び》舌《ぜつ》身《しん》意《い》　（眼・耳・鼻・舌・身体・心と云う感覚器官も、流動的にして、）

無《む》色《しき》声《しょう》香《こう》味《み》触《しょく》法《ほう》　（視覚・聴覚・嗅覚・味覚・触覚・意識さえも流動的であり）

無《む》眼《がん》界《かい》乃《ない》至《し》無《む》意《い》識《しき》界《かい》　（視覚の世界から意識の世界に渡るまで、全ては変化する。）

無《む》無《む》明《みょう》　（精気聡明でなくなる事もなく）

亦《やく》無《む》無《む》明《みょう》尽《じん》　（また尽きることなく精気聡明でなくなる事もない。）

乃至無老死《ないしむろうし》
（同じく衰え亡くなる事はなく）

亦無老死尽《やくむろうしじん》
（また尽きることなく衰え亡くなる事もない。）

無苦集滅道《むくしゅうめつどう》
（苦しみが集約され滅亡へと進む事なく）

無知亦無得《むちやくむとく》
（それらに関わることもなく、影響を受けることもない。）

〈結〉

以無所得故《いむしょとくこ》
（よって影響を受け得る事もなき故に、）

菩提薩垂《ぼだいさった》
（迷い無き衆集よ、）

依般若波羅《えはんにゃはら》　密多《みった》
（押し広げる若さに依って、波の拡がる如く、すべてを網かけるが如く、充実した至上の境地に至るでしょう）

故心無圭礙《こしんけげ》
（もとより心に障り妨げなく、）

無圭礙故無有恐怖《むけげこむうくふ》
（障り妨げ無き故に、恐怖が在る訳もなく、）

遠離一切《おんりいっさい》　転倒夢想《てんどうむそう》
（一切の論理破綻した思想や夢想から遠く離れ、）

究竟涅槃《くきょうねはん》　（煩悩の火が打ち消された悟りたる域に、究み至ります。）

［流通分］〈決意祈祷〉

三世諸仏《さんぜしょぶつ》　（過去・現在・未来、私たちの内なる佛達は）

依般若波羅密《えはんにゃはらみっ》　多故《たこ》　（押し広げる若さに依って、波の拡がる如く、すべてを網かけるが如く、充実した至上の境地に至るが故に、）

得阿耨多羅三藐三菩提《えあくたらさんみゃくさんぼだい》　（この上なき正しき悟りを得る。）

故知般若《こちはんにゃ》　（物事を把握し解決していく若き気力を知り）

波羅密多《はらみった》　（充実多い究極至上の状態にすべてを絡めるべく秩序建てれば）

是大神呪《ぜだいじんしゅ》　（是は万物を構成する気の神妙不可思議な作用と、自らに告げ）

是大明呪《ぜだいみょうしゅ》　（是は根元的心理を体得する明知であると、自らに告げ）

是無上呪《ぜむじょうしゅ》　（是は阿耨多羅この上なきことなりと、自らに告げ）

是無等等呪《ぜむとうどうしゅ》　（是を比較するものなきなりと、自らに告げる。）

能除一切苦《のうじょいっさいく》　（よく一切の無秩序にいたる現象を除き）

真実不虚《しんじつふこ》　（真実そのものであって虚妄ではない状態を可能にする。）

故説《こせつ》般若《はんにゃ》波羅密多《はらみった》呪《しゅ》　（若々しき叡智は、網掛けるごとく拡がり充実した究極の状態に秩序建てると説かれているが故に）

即説呪曰《そくせつしゅはく》　（直ぐに説き我ら自らに告げましょう。）

羯諦羯諦《ぎゃていぎゃてい》波羅羯諦《はらぎゃてい》　（直覚《さと》れよ直覚《さと》れ、到《いた》れよ、直覚《さと》れと）

波羅僧羯諦《はらそうぎゃてい》　（拡げよ、僧よ、直覚《さと》らせよ）

菩提《ぼじ》　（すべての煩悩の火が消えて、清々しい心身に至るべく。）

薩婆訶《そわか》　（幸あれ。）

般若心経《はんにゃしんぎょう》　（若々しき生きる心のお経）

目　次

まえがき

青年栄西が、学んだものが、何であったのか、
青年栄西が、感じたものが、何であったのか、
青年栄西が、求めたものが、何であったのか、

幼き時より、優れた記憶力を持ち、近在における神童として評され、学識のある父親と、人格品位良き母親の愛情によって教養のある家庭に恵まれ育っている。

8歳の頃より、仏教の真理を究めるべく出家を願い、13歳までは、親元にいて、安養寺静心に教えを請い、「倶舎論」を修学している。

静心のもとで、倶舎論─存在・宇宙・因果・煩悩・輪廻・悟りなど、いわゆる仏教の基礎学・知識を学び、極めて学問的向上心を強くした事は、容易に推測出来る。

13歳の秋、比叡に登り、14歳に受戒「栄西」として出家を果たしている。

然し乍ら、清廉なる栄西の目に映った比叡山は、純然たる宗教心気高い山ではなく、名誉・虚栄・権勢欲など、末法の醜態を晒すが如くであった。

この若々しい学僧は、世上の幻法を見て、・・・・故郷、静心の元での学習修行の研鑽を望み山を降りている。

志高くも、感受性強く多感な17歳に、恩師の死は、どのような感慨と、決意を与えたであろうか・・・・・・。

青年栄西は、若き空海も受けた聡明を求むる虚空蔵求聞持の法を、法兄千命より授けられ、叡山に戻り天台の教学を修め、一切経を読破精進している。

いわゆる大蔵経（一切経）は、六千巻以上ある経典のまとまり、総称であり、各々経典を読み読破することは、仏教の全体像を知ることに繋がり、栄西は27歳までに天台密教を修め、その英才により、天台座主・明雲の側近エリートとして弱干28歳で入宋を果たし、明雲に新章疏六十巻を呈上している。して、その明雲は栄西37歳の時に配流され、明雲の逝去する43歳の頃までは、地方に身を慎み、著述に勤しみ、真言密教をも修めて、顕密二門の盟主と称されに至り、源平の騒乱も終局を迎えている。

この時より、二度目の入宋により、大蔵経を読破する事、三度《たび》。

禅師は、とりわけ、大蔵経に注目、仏教の全体像把握に努めようとしている。

通説では、叡山、高野山の迫害を恐れ、三学―天台、真言、禅―の府とし建仁寺建立に至ったとされているが、栄西は既に朝廷より僧位最高位である伝燈大法師位を受けており、むしろ新たに日本総合仏教の全府とすべく、鎌倉幕府の支援を受け「三宗の法刹を守護し、乃至普く群生を済はんことを」と日本仏法中興願文を起草、「禅戒一致」を強くして身を律すべしとされている。

禅師の願われた、全日本国仏教の中興とする根拠基盤として、全六千巻の大蔵経があり、その先頭巻「聖教の序」の最後に、経典の真髄（総まとめ）として般若心経が書かれている。千数百年以前の学僧達が、知識の広がりと自然科学の発展を期待して、宇宙や存在等を思料していたならば、過去の事跡・文献・資料に頼るだけでなく、彼らが到達経験できなかった現代科学の知識を以て、彼らの抱いた宇宙観や存在論を探るべきとの考えも有るのではないか。

般若心経を知る事で、栄西禅師の抱かれた宇宙観や叡智が如何なる事であり、禅戒一致を日常に活かすべく般若心経を旨とすべしとされ、何故に、「真《しん》」でなく新たに「心《しん》」を宣言され、禅と医の二門を建てられたのか・・・。

医学の萌芽にも充たない時代に、臨済の教えを知り、極めて物理科学的思料を重ねて、思索を深めていられたかを知るほどに、英知英才の極みと言わざるを得ない。

般若心経（現代語釈）

――観察の科学としての般若心経――

序

三蔵法師・玄奘が7世紀にインドに渡られ、唐に帰国後、六千巻にもおよぶ大蔵経の翻訳・編纂作業をなされ、その趣意書となるべき第一巻「聖教の序」の巻末に、経典の要旨要約として「般若心経」が書かれました。

日本には、大蔵経の真髄として般若心経は、奈良時代遣唐使によって日本国にもたらされ、平安期の藤原氏の衰亡、平家物語に象徴される盛者必衰の理り、日本の四季に相まった生々流転の思想・日本の文化を表象する仏教の根本理念として理解されてまいりました。

サンスクリット語（梵語）から漢字へと翻訳作業が行われた際、サンスクリットの発音に漢字の音読みだけに合わせて訳されたのではなく、サンスクリット経典の文意を理解して、意味（表意）と発音（表音）を同時に表すべく、漢字が選別して翻訳されています。

時代につれ宗教の担《にな》う役割・各時代の持つ知識レベルの変遷により、宗教各派の立場を反映した読み・解釈が行われ、数ある御経の本体として、色合いを異なえて学僧達により様々な解釈・表現がなされてきております。

それら解釈の基軸として「色即是空」が宗教的根源に関わる「神・世界・無」に連なり示唆する言葉として使われ、近代科学の命題である「存在・宇宙・無・生命・物質」などの用語と深く関連づけられるが故に、多くの近代科学者達が「般若心経」に、深い造詣と関心を示しております。

十五世紀以前、顕微鏡・天体望遠鏡等の観測機器がなかった近代科学以前においては、人の眼による目視や計測・経験事例の蓄積分類等による事象の観測分析を基本とする「宗教科学」の他に論理体系化された科学はなく、数千年の観察の歴史から導かれたこれらの理論の持つ法則性の深みが、今日の実証科学を思料する上で重要な参考・暗示となり、先進的な啓示が与えられる起因となっていると言えます。

(近代量子論の権威であり、生命を物理理論から解き明かそうとして、遺伝子の発見や現代生命科学の先駆的理論を唱えたシュレーディンガーは、古代インド哲学の「梵我一如」を語り、ボーアは、量子論における「粒子」と「波動」の二つの性質と、不確定性原理「速度を決めると運動量が決まらず、運動量を決めると速度が決まらない」に示された量子論の物質観・自然観の特徴である相補性を陰陽思想の「気」の持つ陰と陽の絡み合う太極図を用い説明しています。)

太極図

経典には単に信仰すべきとの文言が書かれている訳でなく、法華経の如く多くの知恵となる事例や体験が記載されており、それら六千巻の翻訳作業の結果として、宇宙の哲理、同時に、人類の生きていく上での基本原理・志向性が「般若心経」に集約表現されており、「般若心経」の意味を探る一助として「宗教科学は、観察の科学である」との立場から現代解釈すべく現代語訳を致してます。

〈梵字悉曇章抄〉

——中国での翻訳——

平安期に伝来されたとされる梵字悉雲章抄（写真・表題部）は、古代インドの文語であるサンスクリットいわゆる梵語を、唐時代の中国漢字に翻訳する為の辞書とされている。（本品は、11世紀に教王護国寺「東寺」の経典収蔵庫である「三密蔵」に伝来旧蔵されていたが、廃仏毀釈により個人蔵。）

写真・参照1においては、アイウエオ順に、サンスクリット語の音の違いによる文字に当てはまる漢字を、阿伊異烏愛汚奥暗悪と列挙しており、写真・参照2においては、「野」という漢字に、一野字から十二野字として十二文字のサンスクリット文字が例示され、同じく「羅」に十二羅字として、十二のサンスクリット文字が列挙されています。読み・音の違いによって、同じ音においても抑揚の違い、語尾の長短の違いにより当て嵌められる漢字は、多数あり、逆に同じ漢字においても複数のサンスクリット文字が当て嵌められます。

この様に、まずサンスクリット文字の「音」に近い漢字を数種選び出し、その数種類の漢字の中から、文脈・文意に近いと思われる漢字を当て嵌め、サンスクリットでの文章の文意にそって構成・翻訳作業が成されていたと推察できます。

その為に、同じ経典でも、翻訳者の知識や考え方によって、選別される漢字や文意が異な

って翻訳されています。（例　般若波羅蜜多と、密が蜜である場合など）

唐の先帝の遺志を継いだ皇帝勅命の一大事業において、表音だけの翻訳で済まされる訳もなく、当時の最高レベルの学術的知識に基づいて語句が選出され翻訳されていたと理解できます。それ故、現在の科学的知識に照らし合わせて言葉の意味・文意を解釈する事で、当時の学僧達が、どの様なイメージ・想念を抱き、同時に翻訳当時の科学的知識とレベルを推察する事ができます。

本書においては、従来より伝承されて来た意味解釈から離れて、主要な漢字単語の意味・解釈と、般若波羅蜜多の翻訳・イメージを、現代定説とされた宇宙観と物質世界観を踏まえ理解を深め般若心経を解釈しています。

〈般若心経の単語の基本概念〉

般若心経において、―人は必ず死ぬ・肉体は必ず消滅する―消滅思想と無常観を象徴する言葉として「色即是空・空即是色」が特に有名でありますが、「色不異空・空不異色」、かたちあるものと、実体なきものは、不異(異ならず)として物質と宇宙、存在論が展開されています。

般若心経は、六千巻に書かれたあらゆる説話・事象の総まとめ・基本原理の集約として論理展開され、畢竟、「空」・「色」・「無」という統合的にして象徴的言語が使われ、極めて抽象・概念的な把握・言語解釈によって表現されています。

(西田幾多郎は、一切の有を否定することで、一切の有の根拠となる「絶対無」を説いておられ、「空」や「無」は、無価値的に、全ての存在を認識・把握する否定主義として、もしくは不存在・虚像の概念として、哲学・概念的に取り扱われる場合が多くあります。)

―漢字「色・空・無」の概念と、「不異」と「即是」の使い分けによる「色」の意味の違い―般若心経を、理解する上で、重要な手掛かりである単語の語彙を理解して、表意のイメージを探ります。

［色・空・無・苦の語彙］

「色」は、ふたりの寄り添う様子を字の形にしている。

いろ・顔つき・すがた・おもむき・男女の想い合うこころ

光線の反射から生ずる現象で目に依って識別せられるもの

そぶり・ようす・いろどり

〈語彙の拡がり〉

見ることができるもの。眼によって捉えられるもの。

肉体。物質。認識の対象となる物質存在の総称。

本書では、「かたちあるもの・形作られたもの」と解釈しています。

「空」は、穴と工（つきぬく）を合わせて中に何も無いことを表わす。

そら・から・何もない・からっぽ・実際にはないこと。むなしいこと。

〈空ける→空間をつくること、　席をあける〉

〈語彙の拡がり〉

かたちあるものの内実。ふくれあがって内部がうつろ。

立体物の内部空間。空間的な概念としての虚空。内実の不存在。

物質の実体・内実。気だけが充溢している空間。

本書では、「かたちづくるもの・形作くられるもの・内実」

「無」は、神の前で鳥の姿で舞い「ないもの」を求める様子から、「ない」の意に

変化して使われている。

ないこと。虚しいこと。或る語に冠して反意をあらわし否定。

有の反対。

〈語彙の拡がり〉

存在しないもの。存在しないこと。

物についての否定的な認識・判断。

本来あるもしくは求められているもの・かたちでない状態

固定的実体がない・可変である

本書では「ない・かわりゆく・定まらず」

「苦」は、古く干からびた頭蓋骨と草冠を組み合わせた字。

くるしい・くるしむ・くるしみ

にがい・おもしろくない・ほねを折る

〈語彙の拡がり〉

干からびて古くなってにがい味のする草のこと・にがみ

腐蝕からくる無秩序にいたる現象、

草原にある干からびた髑髏、もしくは野ざらしにされた死骸

本書では「秩序がくずれることによる不具合、くるしみ」

「秩序崩壊から発せられる注意信号、いたみ」

参考図書　例解学習　漢字辞書　第四版　藤堂秋保編　小学館

詳解漢和大字典　服部宇之吉　小柳司気太　共著　富山房

「色不異空・空不異色」・「色即是空・空即是色」・「受想行識」

文章の組立として、

「色不異空・空不異色」―物質世界について、
「色即是空・空即是色」―肉体について、
「受想行識」―肉体で行われている作用について

感覚器管から得た感覚と意識（受）、
精神活動（想）、
肉体活動（行）、
識別作用（識）、

の順番に従って語られています。

「不異」・「即是」の使い分けにより「色」の意味内容を、物質世界と肉体として二つの違った意味合いで受け取らせるべく語られています。

「色不異空・空不異色」では、同じと確定的な表現はせず

「不異」（異ならず＝同類・同様）としての幅を持たせた蓋然的な表現で、
空間・宇宙観・物質観を表現しており、
「色即是空・空即是色」では、全く一致・一致すべき
「即是」（是れすなわち＝同質同値）として確定規定的な表現にして、
肉体と身命の一致である生命肉体活動を表現しています。
と、同時に物質そのものを、実存在として表現しています。

「色不異空・空不異色」（物質と空は異ならず、宇宙を占める空も物質と異ならず）として
宇宙観物質観を、表現し、
「色即是空・空即是色」（肉体は是れ即ち空であり、万物を造る空は是れ即ち肉体と同質・
同値である）として生命活動を表現しています。

「色不異空・空不異色」
「かたちあるものと、うつろ（内実である空間）は異ならず、眼に見えているもの
も、眼に見えていないものも、その内実は、異ならない」と理解すれば、

現代の素粒子論の如く、眼に見えない素粒子が宇宙空間に充溢しているとの理解と近似し、

「物体には目に見えない何物かが宿り建立《だて》てており、秩序建立てられているが故に物体として成立している」、

空間・物体には何も無いのではなく――万物生成の根源たる気――が充溢している、との意味を表現していると理解できます。

同時に、般若波羅密多の漢字翻訳において物質的な性質を持つであろう「気」を、超極小の粒子として想定して「密多」との表現がされているとも理解できます。

「空」

文中に散見する「空」の単語を、かたちあるものの内実・立体物の内部空間と理解して、
その中に何かが存在していると考える場合と、
何物も存在しないと考える場合によって、
全く異なったふたつの理解が生まれ
「空を空っぽとする理解」と、「空は内実あるものとする理解」に、別れます。
「空」（からっぽ・何も存在しない）との理解では、
虚像・かたちなきもの・実在しないもの
無は何もない・真空・虚しい・儚《はかな》い
（水面に映る月「水月」として虚像と実像の対比的説明がなされる）

現世に対する無価値観から、無常観に伴い、死後の別世界の存在を想定して
「色不異空・空不異色」とは、
「かたちあるものも、かたちなきものも異ならず、
かたちづくるものと、かたちづくられるものも異ならず。」
とされ、
万民に訪れる必然としての死を受け入れるべく、現世的な価値を否定して、別途、死後に、より高次な価値とより高次な世界観の存在を、認める事となります。
さらには、現世は実在とみえるが実は虚像でしかない━との意味から無常観に繋がり輪廻転生の思想となるべき根源的な━前提根拠━理念が生まれてきます。
時として感傷的概念として扱われます。

【とりわけ、日本では、「鏡花水月」の如く天空に浮かぶ実体としての月と、水面に写る虚像としての月━虚像と実像━空虚・儚《はかな》いとの、文学的な理解に繋がり、日本独特の四季観・時間的経過が加味され、盛者必衰の理《ことわ》りにいたる儚《はかな》さ・哀《あわ》れとして諦観が示されます。】

「空は内実あるものとする理解」では

かたちあるもの　に対する　かたちの中身（内実）、かたちづくるもの

無はかたちのないもの、目に見えないもの

（「無としての宇宙空間」と「秩序という密度」・「気」が説明される）

物理的に説明のできない自然現象の原因要素として「気」の存在が、想定され、万物には「気」が具有されており、目に見えていなくても自然界における変化変動を作用している。目に見えていなくても、その様な存在・要因要素があるとして、

「色不異空・空不異色」とは

「かたちあるものと、かたちづくるもの（その内実である空間）は異ならず、眼に見えてはいないが、かたちづくるものは、かたちあるものと異ならない。」

とされ、

四元素説に「空」を加えた五元素説にしたがって、空の極微である「気」の存在を前提としています。　万物生成の根源である「気」は、実体あるもの・物質を形成し、かたちある空間・「無としての空間」眼には見えなくとも空間に「気」が存在するとして「空気」が語られ、物理的現象によって説明がつかない、物質的論理・

思索思考の合理性を超えた全ての事象について「気」が支配・関与していると考えられています。

「気」

「気」万物生成の根源。

活動の元になる気力（元気）、やまい・わずらいの気配（病気）

心理的につづく一定の状態（気分）、根気・気象・気品・気骨・電気・大気・気候等。

万物生成の根源である「気」が、全て物質や空間をつくり秩序建ている—との考えは、現代の素粒子論の如く、眼に見えない素粒子が宇宙空間に充溢しているとの理解に近く、

「物体には目に見えない何物かが宿り秩序建立《ちつじょだて》ており、

秩序建立てられているが故に物体として成立している」

空間・物体には何も無いのではなく—万物生成の根源たる気—が充溢しているとの意味・表現に至ります。

「気」の充実を図ることで、物質・肉体・精神等が秩序建てられると、考えられています。

般若波羅密多の漢字翻訳において、「気」という極微の物質は、
粒子として波としての性格を持つものとして想定していたとみられ、
波動の「波」、
編みかける「羅」、
粗密を現す密度の「密」、
数がいくつもある「多」と、　漢字が翻訳時に選び当てはめられ、
「波」・「密」・「多」・「羅」＝（波動）・（密度）・（多量）・（一網打尽）として
使われている事から、これら言葉の持つイメージとして粒子と波が浮かびあがります。

（中国易学での陰陽思想では、陰と陽の相反する性質「気」が絡み合い自然現象・人間行動が決定される。禅宗では「気」の存在を認めても、自然宇宙が永続しょうとも自らの宇宙は意識の覚醒により現れ、自らの死によって消滅するが故に、自らを灯火とし自らの仏性を重視する為、「気」がすべてを決定づけるとは解釈しない。）

「無」

「無」についても、一切諸法は断滅して有る事なく虚空の如き、との理解から、
　ない、存在しない、存在の否定（非存在）、と
　無常・固定的でない・変化する（流動的・常時変動する）、と
　　　　　　　　　　　二つの意味に分かれる。

本論では、四元素説に「空」の概念が取り込まれた事で、「気」という極微の存在が認められている意味から、観念上の非存在（ない）としての解釈を採用しません。

（無の概念は、直接的に存在論に関わり究極的には、ある・ない　との二元論に陥りやすく、存在根拠・存在理由までもが、肯定・否定　の循環論に陥る危険性と、実体のない概念の多面的な捉え方に終始する危険性を孕んでいます。—ない事は無い・無と云う絶対・絶対無と云う無・等—いわゆるシュレジンガーの猫—）

「無」＝固定的な実体ではない・流動的に変化する。
＝語の前につけて否定する・◯◯ではない・◯◯にはならない（否定または反意）
として使われています。
＝現象的に存在しないとしての表現に使われる場合もあるが、絶対的な非存在は
想定されていない。

「苦」

「苦」は、古い（かんむり飾りを付け祭ってある祖先の頭蓋骨＝ひからびた、昔のもの）と草冠が組み合わされた一字、古くなってにがい味のする草との意。

草むらに野ざらしにされた古びた頭の骨とのイメージ

腐食がすすむこと。腐食がすすんだ現象として苦しみの表現に至る。

いわゆる、時間の経過と伴に、生命活動の秩序維持が崩壊されていって、必然的に発生する事象・現象を意味する言葉として用いられています。

いたみ、つらさ、くるしみ・・・・

〈文節　般若波羅密多の文意〉

般若波羅密多を「此岸に至る悟り・叡智」と訳すだけでなく、サンスクリットの音と同じ漢字の中から文意をつなぐべく漢字が選別された事に習い、個別の漢字の意味は、

「般」＝板のごとく平に押し広げる意、おしなべて、めぐる、はこぶ、うつす、かへる。
「若」＝年若く身体が柔らかい意、わかい、わかし、新しい（梵語音訳）、
「般若」＝智慧（梵語音訳）、直観的直証的な智慧、
智＝平等の中の差別を見るはたらき、事理に明らか、判別能力、
慧＝一切事物の平等を証する、さとし、真理を識別、統合分析能力
【般若は、サンスクリット語・プラジュニャー（俗語パンニャー）の音訳「完全なる智慧」】
「波」＝水面の被さりの意、なみ、なみだつ、波及―伝わり及ぶ
「羅」＝網をめぐらす意、あみ、網かける、絡め取る、一網打尽
「密」＝ぴたりとじる意、隙間なく集まっている、細かく行き届き、落ち度がない、密度
「蜜」＝花のあまいしる意、はちみつ。花のめしべ花弁からでる甘い汁
＊明代以後「蜜」が使われ一般的ですが、古い使用の密度の「密」を採用してます＊
「多」＝たっぷり重ねた様子を現す字。おおい、たくさん、有り難いの意
となり、
これらから文意を現代知識に合わせて解釈します。

単純に単一の語彙と「気」をもちいて直接的に「般若波羅密多」を意訳しますと、
「押し広がる若々しい生気は、網かける如く波及し、隙間なく密にして多くの気を集める」
――「若々しい生命気力はあまねく波及し、気を多くし密にする」となり、転じて
――「若々しい生気は、あまねく波及し充実を与える」と
の解釈にいたります。

若々しい状態でいるには、
次々と新しい事象を見極め、対処していく為に、識別観察する能力（智）と
それらの事象を理論的に分析判断して統合する能力（慧）＝智慧が必要であり、
隙間なく密にして多くの気が集まった状態とは、充実して活動的な状態を意味します。
「智慧は、網かけるが如く波及し、充実した生き生きとした状態に到らせる。」
さらに各々の立場・観点からの意訳を進めますと

宇宙論・物質論の観点からは、智慧は宇宙の哲理となり
「宇宙の哲理は、究極至上の状態に普《あまね》く到らせる。」
仏教の観点からは、智慧は叡智、究極至上の状態は彼岸・極楽・悟りの境地として
「叡智は悟りの境地に到らせる」「智慧に依って彼岸に到る」「深淵なる悟りの智慧」、
と種々に改訳できます。

この様に、解釈の深度、主張の立場、宗派等によって言葉の解訳が異なり、「般若」も
「般若」＝押し広がる若々しい生気
＝若々しい生気
＝識別観察（智）と分析統合（慧）する能力＝智慧
＝宇宙の哲理
＝叡智
と、多種多様の意味に置き換わる為、文章・文節の流れに即した形で解訳します。

〈文章解釈における基本姿勢〉

仏陀の教え「自らを灯火とし自らをよりどころとすべし」の言葉に従い、佛は衆生一人一人の内に居られる無位の真人であるとして、一切の想いを表出した人格化された神仏は、表記していません。（偶像崇拝の排除）

現代科学の
「全てのものは、眼に見える現象の一切起こらない永続的な状況に、至る」
―秩序ある状態は一様に拡散し均一化され、やがて無秩序な停止状態・死に到る―
とする「エントロピー増大の法則」考えと同様に、

般若心経の文意では、
「老死（肉体の衰弱・停止）」だけでなく
「無明（精神・頭脳活動の停止）」精神活動にも
無秩序な停止状態が起こるとして、
肉体・精神ともに無秩序な停止状態に至る必然性を、最大前提（否定形）として、

般若（智慧＝絶対智＝宇宙の哲理＝叡智）に拠って、すべての秩序が構築され、

「若々しい生気は、あまねく波及し充実を与える」

との肯定形に至ります。

禅は、仏教の最終的到達の伝来として、既に請来されている思想を否定するものでありませんが、平安期で発達した陰陽思想・易学での「気」によって因果関係が決定づけられるとは思料せず、又、加持祈祷により物質世界が直接的に変動・変化するとは考えません。

人類の叡智、人間・釈迦の言葉「自らを灯火とすべし」に依拠しています。

〈全文の全体構成〉

全文の構成としては、［序分］宣言・［正宗分］総論・事象・結・［流通分］決意祈祷の五段の構成になっており、「般若」＝智慧とされる意味内容は［正宗分］の内容そのものであり、「般若」＝［正宗分］と同値であります。

［序分］

宣言文、　悟られた身である菩薩となられる事を勧め、宇宙の叡智を深め充実すべきであり、人間の精神と肉体はすべて空である事を照らし見ることで、一切の苦と厄（不秩序・窮地）から救われるとしている。

［正宗分］

総論文　色＝肉体、色＝物質と「語彙」を重ね合わせ「空」の思想を強調啓示。色と空が不異（異なるものでなく）として、物質・宇宙と空間的内実であり空を説明。空間には「空」という秩序立るものが充溢しており、万物は「空」により構成され、何ものかが宿っているとして、

「色不異空・空不異色」（物質と空は異ならず、宇宙を占める空も物質と異ならず）として宇宙観・物質観を、

「色即是空・空即是色」（肉体は是れ即ち空であり、万物を造る空は是れ即ち肉体と同質同値である）として生命活動を表現しています。

更に、人間活動である「受行想色識」も同様であると宣言しています。

色と空が即是（是れすなわち）として、色＝形＝肉体は空であると宣言して、同時に空なるものが肉体を形作り、般若（宇宙の定理・叡智）を深める事により、究極至上の状態に至れる。

私たち欲界に住する人間にあっても

禅定（寂静＝心を止める、審虜＝ものごとを見極める）・三昧（ふける）によって無限的に非想非非想処（思うことを思わざる境地）に至れるとする宇宙観を主旨説明する為に、

前提文として（エントロピー最大の状態）を

色即是空・・・・・として表明しています。

事象文　列挙された事象すべてが、不と無の否定形で示され、全体として非存在の「ない」ではなく、移りゆく・固定的ではない・変化する—定体ではないとして表現されている。

特徴的なのは、現代生命科学の対象（＝肉体）に限定せず肉体としての「老死」と伴に

精神活動の停止「無明」を、

「眼に見える現象の一切起こらぬ状態」として捉え、

生命活動全体（＝肉体・精神）を考察対照としている点である。

結　文　前述の事象文の否定形（流動的）を受けて、「般若」＝宇宙の哲理・叡智に依って生命活動の秩序を取り戻し、健全充実した究極の状態（悟り）に至ることを説諭している。

現代的に言えば、般若という「負のエントロピー」・概念を得て肉体的にも精神的にも無秩序に至る状態から、秩序ある状態に高める事と同意。

［流通分］

決意祈祷文　般若心経を賛美推奨する決意を表現している。

〈近代科学の基本法則との相似〉

般若心経の基本的思想は、数千年に亘る人間を含む種々の自然現象を観測集約して法則強化したものである為、以下の如く近代科学の基本法則と著しく呼応している共通項が看て取れます。

質量保存の法則

般若心経における の「色不異空・空不異色」は、今日の一般常識である「全ての物質は原子分子で構成されている」との認識を介して、「空」＝実体のないもの・「色」＝物質として解訳すれば、

「全ての物質は原子分子で構成されており、物質的変化によって物質は実体なきものとなり、実体なきものも物質として成り立つ」と、読み替える事ができ、

―物質的変化の起こる前の原子分子の数量と、変化の起こった後での原子分子の数量は、形が変われども、数量としては変わらない―1774年フランスの科学者　アントワーヌ・ラボアジェが発見した「質量保存の法則」（化学反応等、物質的変化の前後で質量は不変）と同意になります。

この法則は、動かし得ないセントラルドグマ―日常生活での基本法則とされており、化学反応・核反応・素粒子反応に共通する

「物質は、気体・エネルギー・素粒子に反応変化しても物質存在は変わらない」との理論的説明は、「私たちの感覚器では明確に判別できないが、

眼に見えないものと、眼に見えるものには、

共通した内実がある」とする意味に置き換わり、

仏教思想を象徴する「色即是空」と同値と言えます。

相対性理論

ラボアジェの基本定理では化学反応による「実験による帰納的な結果」であったが為に、極めて微量なエネルギー変換での数量変化は捉えられませんでした。

しかし乍ら、アルベルト・アインシュタインが数学的論証によって「相対性理論」（エネルギーと質量は等価である）を提唱（１９１６年）。

化学反応より、より高エネルギーな核反応では、物質はエネルギーへと置き換えられる事

が証明されました。
「空」を実体の見えないエネルギーとして読み替えれば、
「色即是空・空即是色」を、
「物質はすなわちエネルギーであり、エネルギーはすなわち物質である」と
読み代える事ができ、ラボアジェの質量保存の法則を超えて
「相対性理論」—エネルギーと質量は等価である—との論にまで言及している事となります。

素粒子論

現代では、核反応とは異なり人工的に光速近く加速した陽子・電子等の粒子を正面衝突させる事で、反応前には全く存在しなかった粒子が発生する「素粒子反応」が加速器にて実験されています。　物体がエネルギーに変わるだけでなく、衝突のエネルギーが種々の素粒子にかわるものと理解され、新素粒子の発見の期待がされています。

（素粒子物理学によってニュートリノ、ヒッグス粒子等の素粒子の世界観が生まれています。格段にスケールサイズの異なる超ミクロの世界であり、次々と新発見の期待される現在進行形の解明分野である為、本論では、原子と素粒子を仏教での極微と元素に相応しているとの記述に止めます。）

生命科学—分子生物学

今世紀に入り著しく発達した生命科学における肉体についての要旨は、

「進化した生命体は、食物を咀嚼《そしゃく》・採取して、溶解・イオン化し、

原子分子レベルにまで分解して体内に取り入れ、

これら原子・分子を自らの肉体に適合すべく遺伝子情報に従い、

20種類のアミノ酸を生成して、1万種以上のタンパク質を合成して

肉体は作られている。

体内では常に化学物質による化学反応が行われ、

原子・分子は合成・分解され、

数ヶ月で体内への取入れ・排出が行われている」、

であります。

般若心経では、

色・受・想・行・識（肉体／感受器管・感覚表象／肉体精神活動／識別・道理）として生命活動を観察分解して各々が「無」と表現されています。

この「無」を単に、無い・存在しないとの解釈に終わらず、「固定的な実体がない、変わりゆく」、観察可能な範囲を超えると理解すれば、私たちの肉体・精神から導き出される感覚、印象、決まり、法則まで全てが、可変であり移りゆくものとして理解されており、

分子生物学の理解からは何ら難解な表現ではなくなります。

とりわけ、これらの法則は「是諸法空想」との記述通り「空の思想」として捉えられおり、全体的な構成として、人間の肉体と精神を、色蘊・受蘊・想蘊・行蘊・識蘊の五つの集まり（蘊）を全て「空」として宣言し、以下に各々を挙げ「空」たる説明をしています。

まず、五蘊皆空

色・・・人間の肉体・物（体）質・・色即是空　空即是色

〈無受想行識〉

受・・・感受作用・・・・・・・・無・眼耳鼻舌身意（肉体の感覚器管）

想・・・表象作用・・・・・・・・無・色声香味触法（得られた感覚・意識）

行・・・活動作用・・・・・・・・無・無明、老死（精神活動・肉体活動の停止）

識・・・識別作用・・・・・・・・無・苦集滅道（四諦・医学的手続きに準ず）

無知亦無得・以無所得故（対象を認識得る）

「色」―肉体と物質―

既に、全文の全体構成・総論文でも記述説明してありますが、色即是空云々・・として、肉体の上に意識が成り立っている生命活動全体を踏まえ、「色」、五蘊の中での色＝肉体・形あるもの（色）は、かたちなきもの（空）と同質同価値として表現しており、更には物質界・全宇宙に亘るまでの意味を「色」に持たせています。

色＝物体では、形あるもの・肉体・物質が集まって空間的に形体をなしているもの、
色＝物質では、空間に量・質を持って存在するもの・（精神に相反する）もの。
また、大脳の働きとして起こる喜怒哀楽・意欲・情操等の機能、知的学習、企画計画のできる高度な精神機能や認知力・思考力・注意力・集中力などを、

「受想行識」（感受・表象・活動・識別）として概念的に、

空たるもの・かたちなきものとして説明しています。


本稿では空間的不存在ではなく、「眼に見えないが万物を創生する元素としての空」が、空間的内実として存在しているとの解釈に立っています。

無受想行識としての表現において、かわりゆくものとして扱われています。

（同時に、無も単なる否定ではなく、流動的・変化するもの・同じ状態でとどまるものではないとの意味で、非定形として表現理解しています。）

「受」—感受作用—

般若心経では、いわゆる教義・訓話的な説として観念論を論じているのではなく、
万物の事象を感知する肉体器管の作用について、絶対的な不変の事象として受け入れ解釈

するべきでないと叙述しています。具体的に感覚器管の名称を列挙記述されている事から、観察を基本として分析科学されている姿勢が、読み解けます。

「想」—表象作用—

前述された感覚器管から感受された情報によって、脳内で再編創成された感覚・表象・意識・想像は、普遍確定的なものではなく、それ自ら変わり得ると説明されている。近時取り沙汰されている脳内物質の影響や、時間的経過による記憶の曖昧さ混同・消失の作用からも、科学的な分析を意識できる文節であります。

「行」—活動作用—

この段より哲学的な意味合いを帯びて来ますが、特徴的なのは積極的な精神活動・肉体活動の説明を前提とせず、「無明・老死」（精神活動・肉体活動の停止）という否定的・消滅的マイナスな言語を、動的活動の帰結—停止として論を進めている点であり、

無明＝明るくならない＝諸事象を正しく得れなくなる（知的精神的な活動の停止散漫）
老死＝衰えて無くなる＝エルネギーを散逸し活動を停止する（肉体の活動の停止過程）

現代の生命科学が、新たな生命科学の捉え方として
「エントロピー」という概念を用いて「エントロピー最大の状態」とする表現は、
「ものごと・秩序のおさまった状態いわゆるその世界・系の死」との意味であり、

無明・老死ともに、この言葉は、一定秩序の成り立っている状態が崩れていく様であり、
「ものごとは放っておけば自然に無秩序な状態に変わっていく傾向がある」とする
現代物理学でのエントロピー最大の状態（目に見える現象は何ひとつ起こらない或る永久に続く状態）＝熱力学平衡状態とまったく同じ意味を示しています。

まさに、無明・老死（精神・肉体活動の停止）「エントロピー最大の状態」を前提として、
般若心経は「論」を進めていると言って過言ではありません。

「エントロピー増大の法則」

―子供達の力によって作り上げられた砂場のお城も放って置けば、自然につぶれ砂地に戻っていく、―子供の力というエネルギーによって、一粒一粒の砂にお城というイメージに従って秩序が与えられ、立体物が作り上げられても、時間経過とともに、砂は元の状態・無秩序にしてランダムな状態にもどっていく―

「エントロピー増大の法則」（**ものごとは放っておけば自然に無秩序状態に変わっていく**）は、遺伝子発見の起因となった生命科学の先駆者的な科学者シュレーディンガーに拠って語られる現代科学の提示する大命題と言いえます。

自然界においては、物質の分布、勾配高低差、温度差・エネルギー熱量差・化学反応などそれらの差は解消化されて無秩序な状態（平衡均一化された状態）、いわゆる死の状態・エントロピー最大の方向に動き達し停止状態に至るという「エントロピー最大の状態」。

「現象が何ひとつ起こらずに永久に続く状態・系の死」に到らない為に、つまり生態系の秩序が時間経過とともに壊れ崩壊していかない為に、概念的に生命は「**負のエントロピー**」（食物）を取得しているとシュレーディンガーは示唆しています（以下、本稿では生物学上の説明概念として「負のエントロピー」を使います）。

エントロピーという言葉を使わずに、般若心経では、エントロピー最大の状態として、肉体的には老死、精神的には無明を表現して、肉体の活動している状態を無老死（衰弱滅亡しない）と表現、精神の活動している状態を無無明（意識精神が明朗活発である）と表現しており、これらの活動を維持向上するには「般若」（聖賢・宇宙の定理・叡智）に「依」るとして、**生命体の秩序を保ち生態系を守り続けるには「般若」を負のエントロピーとして取得しなくてはならない**と諭しています。

シュレーディンガーが、肉体の秩序維持の為の負のエントロピーを「食物」としたのに対し、般若心経では、精神活動・知的活動の負のエントロピーとして「般若」に依ることを勧めています。

全ての生命活動は、化学と物理で解明できるとしたシュレーディンガーは、散乱崩壊していく秩序を食い止め、新たに秩序を作り出す力を、「負のエントロピー」と呼び、生物は食べる事により負のエントロピーを取り込み生きているとしました。

まさに、「無無明　亦無無明尽　乃至無老死　亦無老死尽」は

無無明＝明るくならない事はなく、無無明尽＝尽きることなく明るくならない訳はなく。
無老死＝衰え無くなる事はなく、無老死尽＝衰え無くなり尽くす訳でなく

と、

エントロピー最大の状態を否定して、負のエントロピーによって秩序を構築させようと、しています。

シュレーディンガーは負のエントロピー＝「食べる」事として、生物の崩壊していく秩序が食べる事によって再構築されているとしていましたが、

般若心経では、「般若（宇宙の定理・叡智）に依ること」を「負のエントロピー」として、自らが秩序構築される、究極最高の状態に到って行く（波羅蜜多）こととしています。

般若心経は、般若波羅密多としてエントロピー増大の原則に呼応している

「識」―識別作用―

苦集滅道（現象観察・原因究明・原因解決・道理法則）として、苦しみという事象（生老病死・怨憎会苦・愛別離苦・求不得苦・五取蘊苦）の発生をよく観察し、それら事象の因果関係を知り、それらの事象を滅ぼすべく解決して、道理法則をわきまえ活用するべし、として四つの諦（真実）に分けて原因究明解決の手法を医学的手続きに準じた科学的分析の手法として説諭されています。

しかし乍ら、この「四つの聖い心理を知り　八つの正しい道を修めよ」とする教義までもが「無苦集滅道」として、科学的分析手続きや手段まで、般若心経では否定形とされています。　更に「無知亦無得・以無所得故」として対象を認識して知識として知る事、得る事までもが、否定的に扱われています。

ここでの「無く」とは、肉体の成分を構成する原子や分子は数ヶ月で全て置き換わる事を同位元素の観察で発見して「生命とは動的平衡にある流れである」としたシェーンハイマーの如く、「生命体は流動的にして固定的な実体有るものではない」として理解できます。

流れゆくもの――生命の動的平衡

山の小川の水が池に流れ込み、池の水位は保たれたまま、別の小川をつたって海へと水が流れていく様に、池の水位は一定にして、池の水は常に濁《にご》り澱《よど》まず、外観は変わらずに、水は入れ替わっている。

同様に、原子分子が肉体に取り込まれ・排出されていく過程を知る為に、同位元素の観察を続けたシェーンハイマーは、「**生命の動的な状態――生命体は流動的にして固定的な実体有るものではない**」と現代生命科学においての肉体に関する提示をしています。

進化した生物は、エントロピー最大の状態に到らない為に、食物を原子・分子レベルにまで咀嚼・消化・分解して体内に取り込み、自らの肉体に適合すべく遺伝子の配列に従いアミノ酸を構成してタンパク質を合成、肉体組織を構成維持すると云う過程を経て「負のエントロピー」を生み出し肉体の秩序維持を行っており、

肉体を組成する分子・原子はすべて一定期間を経て取得・排除(合成・分解)される事から「生命体は流動的にして固定的な実体有るものではない」―動的な存在・流れとされています。

(新陳代謝により肉体は三ヶ月で入れ替わっている、との通論で一般に知られています。)

この様な理解は、般若心経の「無」の概念を実体のないとするだけでなく、「空」虚しい・形骸だけのと云う意味に留まらず、変幻自在に変化するもの・時間の経過と伴に変わりゆくもの、動的に流れゆくもの、との意味を包含させるものと同意であり、般若心経では、肉体の生命活動を、動的平衡(流れ)「色即是空」を指し示すだけでなく、「無苦集滅道」「無知亦無得・以無所得故」として、意識界での頭脳活動の所産である科学的分析手続きや取得した知識・経験・法則等までも、固定的ではなく動的平衡な状態にあるとしています。

更に、食物だけではなく、宇宙の定理・哲理「般若」に依って、精神的安定・動的安定をも得れる状態にまで至り得る（波羅密多）。

物理的な表現に変えて言えば、「般若」という「負のエントロピー」を得る事によって、意識界での精神的活動は動的平衡を保ち得る―エントロピー最大の状態に至らずに秩序維持・向上ができ得る。「意識・精神活動は流動的にして固定的な変化しないものではない」、然るに**「依般若」によって精神的秩序を保ち、常に最良の状態に維持しておかなくては、意識・精神の動的平衡は保たれない**、との記述がなされている事となります。

現代科学知識により般若心経の要旨を読替えれば、動的平衡を保っている肉体や精神が、エントロピー増大の法則（ものごとは放っておけば、自然に無秩序状態に陥る）に従がって、無明・老死（目に見える現象は何ひとつ起こらない或る永久に続く状態）に至らない為には、負のエントロピーである「般若」（智慧・若さ）に拠って、生命ある精神と肉体の秩序維持と向上に勤める事が出来る。密度の濃い充実した人生をおくる事が出来る。

との解釈に集約されます。

―負のエントロピー「般若」は肉体的にも精神的にも生命秩序を与える―

〈観察の科学としての般若心経〉

観測不能な原因作用としての概念「空」と「気」の創造

インドの学僧たちが、天体の移動や暦の作成にたずさわり自然観察を続ける中で、どの様な世界観を築き、中国の学僧達がどの様な知識を持って、サンスクリット語の経典を漢訳していったのか。

その時代、その時代の先端知識に依って、解釈が繰り返され残ってきた経典を、現代科学の知識から解釈して、先師たちが如何に理解していたかを探っていきます。

分解可能な物質の究極として原子が考えられていましたが、更に陽子・中性子・電子に分解され、新しく素粒子の世界が立ち現れて来ています。

人間の住む自然界と原子のミクロ世界、素粒子の超ミクロ世界と、各々の世界のスケールサイズの違いによって異なった運動法則が成り立っています。

反面、宇宙の創生期では、物質界で最速とされる光の速度を超えて宇宙空間が膨張を続けており、従来の知識では把握しきれない世界観が提示されています。

現代人はこれらの世界を、言葉に換わる数字、数式を用いた数学の発達に依って理論展開を行ない、従来の光学機器にまさる電波や電子を使った観測機器を発明することで実証性を手に入れてきました。

しかしながら、数千年前の科学者や学僧達が、近代的な観測機器を持たず、如何にして現代科学と近似する超ミクロ世界と超極大の世界観を持ち得たのか、明確に知るには今後の研究を待たねばなりません。（栄西は興禅護国論において「日月は光を踰《こ》ゆべからず、而るに心は日月光明の表に出づ」として光速と心の空間的な拡張速度を記述しています。）

極めて、蓋然的な推論ですが、エジプト・ギリシャの文明がインドに渡り、更に景教徒の影響により数学的な発展をみて、ゼロの誕生、存在と非存在、さらには眼に見えない世界の作用、間接的影響力の存在と、原因となる因子を予測、法則化する事で、未知の世界観が切り開らかれてきたと考えられます。

物質的に物理変化の見えない作用については、新しい元素「空」という概念を考え出し、ギリシャの四元素説に加え、五元素説を確立しています。

素粒子の世界において、

物質を構成するクォークとともに、ニュートリノを含む電子の仲間があるのと同じく、物質を構成する四元素（風火水地）に加え、電子が+と−の電荷を帯びるのと同様に、「陰」と「陽」の二つの性質を帯びる1つの物質「気」が、元素「空」により組成されているとの認識があります。

（元素説、原子説には時代と社会的背景より種々の見解があり、本稿では概括説明に止めます。）

［今日において五元素説や陰陽思想を科学的とはしませんが、この思考は、歓びや悲しみという人間と同じ感情を言葉に出せずとも万物は抱いている。万物には魂が宿っている。それ故、人間同志は当然の事とし、自らと因みのある物すべてを大切にしなくてはいけないとの、日本独特の文化にまで変化内在化しています。極端には、凡夫も仏なりとする本覚思想にまで至っています］

超巨大世界と超極小世界

超巨大な宇宙の大きさ・広さを思う時、どの様にして宇宙が造られ、何から作られたのか、そして、極めて極小な世界、その発生を思います。

どの様な次元の空間的つながりの中で、

どのようにして宇宙が存在し、

宇宙を構成する物質がどの様にして作られ成立しているのか、

これらを進行する時間とは何なのか。

空間・宇宙・物質・時間について、突き詰めれば突き詰めるほどに新たな事象と新たな理論が発見され続けてきています。

超巨大の宇宙全体を表わす蛇の頭が、超ミクロの素粒子の尻尾を飲み込んでいるウロボロスの環は、宇宙創生と素粒子物理学の密接な重要性を示すと同時に、古来より循環論の象徴もしくは永遠を象徴しています。

＊如何なる事象に対しても、同じ論理に依って説明根拠付けその理論体系化されておれば、

1つの学門体系として成立し得る。すなわち、論理体系化された域外に出ようとすれば、
言葉の作り出す論理・弁法から離脱しなくてはなりません。＊

宇宙を思う時、
欲界（物質）を抜け出し、色界（精神）を超え、無色界（無意識）に到り、更に超え行く時、
拡がりで言えば、一世界を抜け出し、小・中・千・三千大千世界を越えようとする時、
つまり、太陽系を抜け出し、銀河系を超え、超銀河団を全宇宙を超えて行く時、
宇宙は光速に近い速度で膨張を続けており、私たち物質界の技術では、到達、把握し得
えません。

宇宙と存在の始まりである、物質の根源を思う時、
物体サイズに対する見識は、
仏教＝物体、一微塵、七極微《ごくみ》（似分子）、構成する極微（似原子）、元素（似素粒子）、空（気）。
現代＝固体、細胞、タンパク質、アミノ酸、分子、原子、素粒子、クォーク・レプトン。
の順で極小分解されていくが、

物体の世界ではニュートン力学が、

原子・分子の世界では量子論、相対性理論が、

レプトン・クォークの世界では素粒子論が、

更に、四つの力（電磁力・重力・強い力・弱い力）の理論的見解から、

Dブレーン（空間の境界膜）が考えられ、

それ以上の世界には、アレクサンダー・ビレンケン「無からの宇宙創生」として物理学による仮説が建てられ、宇宙誕生時に、宇宙がインフレーション（超急膨張）を起こす真空のエネルギーを担うものとして、インフラトン（仮称）が仮想されています。

物質の特性・性質については、

物質の太陽や星を集めた**物質**は、全宇宙の1／20であり、非常に大きな重力源として宇宙を収縮させる**ダークマター**は1／4、それらの残りは、体積膨張と伴に密度が薄まるという物理法則に適合せずに密度を変えないまま宇宙膨張させる**ダークエネルギー**が宇宙を占めているとされています。

過去の仏教の見識では、欲望と物質の混在する世界を**欲界**とし、欲望を除いた物質だけの世界を**色界**とし、物質さえ無い精神世界を**無色界**としています。

物質や言語・数学・論理で構成された世界から、同じ手法である数学・論理を使って抜け出そうとしても抜け出れず、全く異なった質の手段でなければ、その世界からは抜け出る事は出来ない。

現代科学が、

実証性を基本として極めて即物的に物質・物質理論（物質の運動・構造・熱・光・電磁気の作用）だけを対象限定しているのに対し、

前近代の物質観では、

現代技術レベルの実証性を得る状況になく、物質に限定されず、精神世界にまで関与するものとして元素「空」が扱われ、肉体・心理・生命作用と物理作用が、認識・思料されていたと言えます。

〈梵我一如と、栄西の語るこころ〉

物体を分解していくと、分子、原子になり、原子核、中性子、陽子、素粒子へと分解され、さらに「無」へ至るとされ、逆に宇宙の誕生からみれば、時空すら存在しない「無」のゆらぎから宇宙は創生され、インフレーション膨張により拡大し、小さな素粒子、原子、分子が造られ、宇宙空間の外側は光の速度を超えて遠ざかっているのではとの説もあります。物体の移動速度は光速を超えられないが、時空は光速を超えて膨張できます。（宇宙最初期のインフレーション現象）

栄西は、彼の著述「興禅護国論」（一一九八）で

「日月の光は踰《こ》ゆべからず。而《しか》るに心は日月光明の表に出づ」

（太陽・月の光を超える事は出来ないが、心はその光・光明を追い越す事ができる）と述べ

「大千沙界は窮むべからず。而かるに心は大千沙界の外に出ず」

（全宇宙である三千大世界を窮めることはできないが、心は全宇宙の外に出る事ができる）

と、語っている。

光速より、速く心は進み、全宇宙の外にまで出る事が出来る。としており、
「其れ太虚《たいこ》か、其れ元気か」
（宇宙は何も存在しない大きな虚《うつ》ろか、万物の元・組成である〝気〟の充溢《じゅういつ》か）として
「心は即ち太虚を包んで元気を孕《はら》む者なり」
（心は何物もない巨大空間さえも包み込みながらも、万物生成の組成をも含む。）として
物質、精神、存在・時間と空間（欲界・色界・無色界）の域外にある、
宇宙万物の根源・「無のゆらぎ」のその向こう＝宇宙創生の無の彼方にあり── 同時に

意識の覚醒により個々人の宇宙が発生する──、

自らを無から覚醒し意識付け生命心理作用を営む内なるものがあるとして、
「梵我一如」（人と天は一致する）を語る。
いわく「天地は我を待って履載《ふさい》し、・・略・・万物は我を待って発生す。」
（天地の宇宙は意識の発生によって存在し、・・・万物は意識の発生より存在する）

太陽・星を育む大宇宙は、時間も空間も存在しない「無」から発生し、
覚醒により万物の存在と自らを認識させる意識も、自らの「無」から発生している。

この「無」という共通項によって、「梵我一如」（人と天は一致する）に至たる。
大宇宙を発生させ、意識を発生させる「無」の彼方にあるものは何なのか。

栄西は
その内なるもの、無の彼方にあるものを、名付けようもなくあえて「**こころ**」と名付ける。
世にある数多の教えも、まとめて言えば、この心の教え一字の教えとなる。と述べている。

古くは、感情や思考を行う「心《こころ》」は、全身に脈々と血を送り生命維持する心臓にあると
され、今日では、脳内活動により思考や記憶・感情が制御されているとして、心は頭脳に
あるとされてるが、医療知識の有った栄西が心臓の位置を知らぬ訳もなく、
「心《こころ》」は、単なる肉体器管であった臓器―**体の中心にあって拍動する臓器**（心之臓）―の
域を超え、**万物・宇宙・存在の中心に在り拍動するもの**―と同時に万民に等しく本来的に
具有されている**内的なもの**であり、

「梵我一如」、

自然界を標榜する宇宙を孕み、無を支配するもの・域外にあって全宇宙を循環させるものを、あえて、「心《こころ》」と名づけ、意識の発現を「大いなる哉心《かなしん》や」として賛美、個々の人格を祝福・寿《ことほ》ぎ、「無」の発生から来る平等を示唆している。

更に自らの意識の発生を待って、「自らを灯火とすべし」との釈迦の教えに呼応して、達磨大師語る仏性の常住を、般若経の説く般若即ち智慧を心に悟ることを可能にするのは、禅宗である。と宣言されている。

―内省と意識―禅と医―

「智慧を心に悟ることを可能にする」とは、

常に若々しくいるには、常に新しい事象の発生に立ち向かい、何が起こっているのか観察・理解する「智《ち》」が必要であり、その現象の意味と価値をまとめ上げ対処方を見つけ出す「慧《え》」、つまり「智慧《ちえ》」によって事象に立ち向かい、常に若々しく生命力あふれている為には、般若経の「般若」を、欲望や慈悲を生み出す無の先にある「こころ」にさとらせるには、自らを内省し、**寂静《じょう》（心をとめる）**と、**審慮《りょ》（見極める）**、いわゆる**禅定（静慮《じょうりょ》）**によって可能であるとの意である。（自らの心を見つめる）

智慧を計かるに、般若心経の真意・「色不異空、空不異色、色即是空、空即是色、受相行識、……、無苦集滅道、無智亦無得」によるべし。とされている。

更に、**禅定により、無への到達が可能であると・・・・**。

そこに至るには、戒律を守り座禅をする生活―**実践によるべしと**、諭されている。

さらに、「**命守るを賢しとする**」（喫茶養生記）とは、自らの命を守る―自己の生命維持・他者への保護である社会的教義に留まるだけの言葉ではなく、

「自らが意識体であると認識する事と、その意識体の成立と維持の為に、自らの肉体が担っている機能と役割を知り、論理的に、処方・維持に努めるべし」との言葉である。

人間個々人は、肉体組織の上に存在する意識体である（赤肉団上有一無位真人：臨済禅師）とする先師の考えに基づき、

↓意識の発生の基に存在が覚醒し

↓自己の宇宙が自覚され、

↓自己の外部に存在する自然界という宇宙が認識され

↓反転して

↓意識の喪失によって

↓自己の内的宇宙と自然界の大宇宙は

↓存在とともに消滅する

↓無へ帰結する。

との極めて物理的かつ合理的な判断のもと、前文に「一期を保つに」との言葉をつけ、その因果関係と、成り立ちを知る事の重要性を「賢し」と表現されている。

「一期を保つに、命守るを賢しとする」

その「一期を保つ」とは、単なる**肉体**でなく、より現実感を抱かせる為に、臨済禅師は、**赤肉団—血まみれの肉片のかたまり**—として強調して表現され、その肉体の上に精神世界が形成されており、正常な肉体活動が保障されなくば、正しく世界が自己の前に立ち現れないとして、

栄西禅師は、**禅と医・二門を建て**、医学的に分析追究して「喫茶養生記」を著されている。

（肉体の器管を、五臓として分類、その機能と必要とされる生薬を味覚に依って処方分類、生薬や茶の産地・特性をも紹介している。とりわけ、肉体の循環の中心にある心臓の日々の養生を重要視されている。）

加持・祈祷による精神的処方だけに依るのでなく、臓器の役割と生薬の効能を分類処方

して、肉体の維持に努めなければ、正常な精神活動する意識体として機能成立しない。
栄西禅師の分析・分類の手法は、—大国の風を訪ねて、近代の治方を示さん—として
　　肉体の各器管の役割分析→症例病理の分析→対症療法の確立を目指す
　　　　　　　　　　　　　　　　　　　　　　　　　科学的手法の萌芽であり、
禅と医・二門を建てると宣言される事で、宗教学である禅とは別に、医を学門とすべく
医学の樹立がなされた。
それ故に、鎌倉初期の代表的医学書として「喫茶養生記」は認知されている。
心を知り保つに、健全な精神と肉体の維持に努め、内省する事で自らの意識を保つ。
更には、般若心経の真意を知り、自らの心を見つめる（直指人心）ことを勧められている。

〈時代背景と、栄西・こころの宣言〉

紀元前のギリシャにおいて、エンペドクレスが提唱した、万物は風・水・火・地の四元素によって構成されているとする四大元素説は、アレキサンドロスのインダス河辺にまで亘る東方大遠征（ＢＣ３３４-ＢＣ３２３）によってインドに影響を与え、インドではゼロの概念と相まって空の概念を加えた五大元素説が生まれ、中国への仏教伝来や、キリスト教ネストリウス派（景教）の異端追放（ローマ４３１→６３５中国）などによって、仏教伝来（５３８）に伴って日本に伝えられたと思われます。

聖徳太子が摂政になられ（５９３）、６００年には、初の遣隋使が送られ、菅原道真の建議により遣唐使が廃止(８９４)されるまで、約３００年間、日中文化の交流が続き、多くの留学生や留学僧が隋・唐で学び、多くの知識と文物を日本に持ち帰っています。

それらの知識は、従来の伝統・宗教などと融合され、新しく日本古来の伝統文化が創られる上で、文化の方向性を決める基本・基盤となった知識であります。

日本書記に見られる古代神・素盞嗚尊《すさのうのみこと》は、天地の星座・方位を司る大将軍として、密教の示す宇宙観である曼荼羅と融合され、日本独特の宿星が形成されたと見られる。

（太陽神としては天照大神）

古くは高松塚・キトラ古墳に見られる青龍（東）・白虎（西）・朱雀（南）・玄武（北）に見られる方位と二十七宿としての星座であり、今日に残る占星術とおなじく、密教・宿曜経（日・月・火・水・木・金・土の七天体）によって星座の動きにより、人々の人生や世の中の吉兆が決定付けられているとの運命観が支配的に形成されていきます。

春日山麓に鎮座されていた大将軍・素盞嗚尊《すさのうのみこと》は、平安遷都に伴い桓武天皇の勅願により、延暦13年（七九四）、平安京大内裏の北西角（陰陽道天門）に国家守護・国民の繁栄を祈願して京都の地に、**大将軍八神社**として観請され、今日に至っております。

まさに、大将軍・素盞嗚尊《すさのうのみこと》は陰陽道・道教における方位を司る星神であり、その御子八神と80体の御神像が立体曼荼羅として残されており、かっては100体以上の星座にあわせた星神たちが造り祭られ、多くの神像寄進がされておりました。

自然界・人間界のあらゆる現象は、陰と陽の二気の消長変化、あるいは―木火土金水―

の五材循環によるとする陰陽道によって、農耕の時を農民に知らせ豊穣をもたらす役割を担っており、平安期に入り荘園制が崩壊しはじめ、天文・暦・占術などで吉兆をうかがい、祓い・祭祀・呪術が行なわれ、陰陽師が活躍することに至りました。

日常生活においても、鬼門方向に旅立つ際には、鬼門を避ける為に、家からではなく、前日に別な場所に移動して、そこから旅立つ「方違え」などが行われ、今日においても新築の際には、家相や方位を占う習慣が残っています。

南北朝14世紀の**星曼荼羅**（**高倉寺宝積院蔵**）には、ギリシャの星座に影響を受けた十二宮が描かれており、画中にはヤギ・蟹・魚・サソリ・双子座等のギリシャ星座と同じく、昼間に見れない星座まで描かれてあり、平安期の宿命観・運命観を知る上で、極めて重要な宗教的資料であり、仏教美術としても優れたものであります。

この図からも解る様に、遠くギリシャやインドからの影響を受け、当時の知識では立体的な宇宙空間のイメージは出来ずに、平面的な図版として天体図を捉え精神性を重視して、抽象化されていたと解釈できます。

また、今日の宗教寺院にこれら資料が信仰の対象として残されている事からも、当時の人々は自らの宿星・守護神等に依存して、万物・宇宙の運行・変化に自らの人生も運命付けられた範囲内にあるとして行動していた事がわかります。

とりわけ有名なのが安倍清明であり、天文観測により天の意思を読み取り、天皇の支配に関わる天文博士、暦家を賀茂氏、安倍氏で世襲することとなり、政治に関わりを持つに至っています。

いわゆる、方位や天体の動きにより、万物の組成である気の動きをつかみ、少なからず天体・宇宙・自然・人心は「気」の作用によって決定付けられるとする密教にも通じた思想といえます。

早い時期、平安初期には、嵯峨天皇后・橘嘉智子に拠って檀林寺（義空開祖）が創建（八三四）され禅宗が取り入れられましたが、「護国修法」により秘法とする真言密教と、国費学問僧をもつ天台密教が国家鎮護・護国宗教として国家認定を受け両派が隆盛であったが為に、廃絶しております。

しかるに、平安末期には、荘園制も崩壊し、数々の天変地異に伴い末法思想が蔓延、世相の混乱をきたし、朝廷の弱体化と伴に、陰陽道は衰退を始め、同じ荘園を経営基盤とする寺院群の僧兵達に対抗すべく北面の武士が採用され、後の武士階級・鎌倉幕府（一一八五）が台頭してまいります。

　加持祈祷に傾倒しすぎた密教、叡山天台に移入された行き過ぎた密教の不二・本覚思想（迷いの凡夫も仏凡不二の現れであり、凡夫こそは現実に生きた仏の姿とする凡夫本仏論では修行の必要はないとしている）に対する反発と、天体の運行や星座の方位などによる宿命的な世界観からの脱却をうながし、奈良時代の百万塔奉納・平安期の装飾経奉納にみる如く、貴族・官僚社会に浸透していた国家主体の救済から、大衆・民衆の救済を第一義にするべく、二度の入宋（一一六八）・（一一八七－一一九一）により、新しく持ち帰った「宋」の先進知識に基づいて、「万民に宿る―宇宙の生成と、意識の覚醒を生み出す―心」を提唱。鎌倉新仏教の第一蹟としています。

　空也、良忍、法然と、庶民救済を掲げた浄土教の流れは、民衆宗教として多くの迫害・排斥を、支配層から受けましたが、栄西は、国家の繁栄を願う「護国」を掲げ、貴族だけではなく、**万民に共通して宿る心**を明確にすることで、平等たる民衆救済を第一義とすることに成功しています。

禊・身を清める意味で、神官や僧侶の着る白衣ではなく、自らを塵芥染まり汚れを厭わず衆生を救わんと、その決意を黒衣雲水姿に顕《あらわ》しております。

西洋では、「我思う故に我在り」（一六三三）デカルトによって近代個人の意識が確立されたが、それより四百年前に、栄西は、意識の覚醒を

「日月は我を待って運行し、
　四時は我を待って変化し、
　　万物は我を待って発生す。」として

万民に起こる個々人の現象として表現し、「大いなる哉心や」たる言葉を使い宗教が運命的に支配する中世的世界観からの脱却を宣言している。

また、医学の樹立と、分析・分類による科学的手法の提示によって、呪術・加持・祈祷に代表される前代の医方からの脱却をも宣言している。

さらに、「天の高きは極《きわ》むべからず。而《しか》るに心は天の上に出《い》づ。

　地の厚きは測《はか》るべからず。而るに心は地の下に出づ。

　日月の光は踰《こ》ゆべからず。而るに心は日月光明の表に出づ」として

宇宙の極限を超出し、地下世界を突き抜け、月や太陽の光より早い「心」の実在を宣言。

「意識体としての意識の覚醒」・「医学の樹立と科学的手法」・「心の実在を宣言」により

自発的な個人の尊重と平等となる近代への第一歩が「こころ」として表象されている。

曰く、日本において近代個人の「こころ」を説いたのは栄西である。

然て、心とは・・・・。

補追

――現代科学知識を深め解釈する――

〈現代宇宙観と仏教宇宙観〉——空間階層的な構造と構成成分の分布——

当時（二千年前）の宇宙観・世界観では、大きく「欲界」として、欲望のままに苛《さいな》まれた地獄（地下）・人間の住む地上・神々の住む天上があり、その上には、欲望を取り除いた「かたちあるもの」としての「色界」があり、更にその上に「かたちなきもの」の世界である「無色界」があり、空間的な宇宙を離れ、されに高次な精神世界を構成しています。色界には、たとえ人間であろうと、禅〔「静慮《じょうりょ》」＝寂静《じゃくじょう》（心を止める）＋審慮《しんりょ》（見極める）〕を極める者がのぼり得て、「無色界」は「定《じょう》」（全ての精神統一）いわゆる「三昧《さんまい》」を行う者の至れる境地とされています。

欲界・色界・無色界と三つ並んで三界＝全存在とされ、欲界と色界の一部に太陽・月・星が加えられた世界が一世界と称されています。云わば、現代の太陽系に等しきもので、

その一世界が千個集まって小世界とされ、

小世界が千個集まって中世界（一世界が百万個）、

更に中世界が千個集まって大千世界（一世界が十億個）と、

宇宙観は重層的に拡がりをみせています。

仏教の抱く階層構造の宇宙観の拡がりは、太陽系、銀河系、局部銀河団、局部超銀河団、さらにこれら超銀河団が、空洞領域（ボイド）を含み泡状に連なる宇宙の大規模構造を形成している―現在の観察によって得られた宇宙の階層構造に極めて近似の世界観を示しているといえます。

【キリスト教においては、天動説に従い、月↓水星↓金星↓太陽↓火星↓木星↓土星↓恒星の順で第一天から第八天までの天球があり、その域外に無限無形の最高天があり、天国としての至高天（エンピレオ）があるとされています。】

「無としての空間」として理解されてきた宇宙・大宇宙は、プランク宇宙望遠鏡の観測結果、宇宙を構成する成分・性質として―太陽や星を集めた物質は全宇宙の約５％しか占めておらず、現代科学で判明出来ない故にダークと称されるダークマターは約25％弱、それ以外の成分（70％前後）はダークエネルギー―で構成されていると想定されています。

物質は物体が固形（素粒子達が集まり分子・原子を形成）になったものであり、

何らの結合もせず浮遊する状態のままの物体（未だ解明されていない素粒子達）が

ダークマターであり、

物質存在に至らずエネルギー状態にあるものがダークエネルギーとされ、それらの性質としてダークマターは宇宙を収縮させ、ダークエネルギーは宇宙を膨張させていると理解されております。

これら宇宙の成分分布は、仏教宇宙観の、物質界（欲界）・物質から欲望を除いた色界・物質も欲望も除いた精神だけの無色界、として把握している仏教の三層構成の宇宙観とも、極めて近似しています。

〈現代素粒子論と仏教原子論〉

遠く山々を見ている私と山々の間には、何もさえぎるものはなく爽やかな風が吹いている。しかしながら、この風こそが山々と私との間に、窒素や酸素が含まれた空気の在る事を教えており、仰ぎ見る夜空の月や星の浮かぶ宇宙空間に、生命を保つ空気はなく、何も無い空間が悠久の時を超えて、無窮の彼方へと拡がる真空の宇宙であり、近年のヒッグス粒子やニュートリノの発見により、素粒子という超微小の物質が大宇宙を埋め尽くしている事がわかってきました。

従来、分解細分化出来ない究極の物質として原子が、取り扱われてきましたが、

その原子は電子（－）と原子核（＋）に細分化され、

原子核は更に陽子（＋）・中性子に細分化され、

陽子・中性子は、なお更に6種類のクォークにまで細分化され、

電子の仲間としてレプトンが6種類にまで

分類・解明されつつあります。　　（ニュートリノは電子の仲間）

現在では、クォーク・レプトン等の素粒子が、これ以上細分化出来ない究極の物質とされています。

宇宙の拡がりを論じれば、その対極に物質・宇宙は何によって構成されているのか、仏教においても、成分組成を探すべく、物質を構成している元素説・原子説、極小極微の世界観が展開されています。

本稿では、元素論、原子論と仏教では二説あるとされますが、現代科学の理解から、物質分解して説明しています。

現代科学　物質↓化学物質↓分子↓原子↓素粒子↓中性子・陽子↓クォーク（6種）

　　　　　　　　　　　　　　　　　　　↓電子↓　↓　↓レプトン（6種）

仏　教　物質↓微塵↓七極微（成分子）↓極微↓↓元素（地大・水大・火大・風大）

　　　　　　　　　　　　　　　　　　　気↓↓元素（空）

ギリシャの元素説と同じく地・水・火・風の四元素が物質を構成するが、極微《ごくみ》という最終の最小単位である物質（四角でも円でもなく、分析する事が出来ず、見ることも聞くことも触れる事も出来ない物質）が想定されています。

地大・水大・火大・風大である四大種が、集まって現在の原子に相当する極微が存在し、七極微が集まって一微塵これらが集まって物質を形成するとされ、これら元素の構成比の違いによって物質の性質の違いが生まれるとされています。この極微は目に見えず空間を占める「無見有対《むけんうたい》」とされています。

インド仏教成立後、アレキサンダー大王の大遠征により、ギリシャの優れた数学的知識が取り入れられ、更にアラビア数字を生み出した景教徒の数学的知識が、更に高度な物質観を、ゼロの発見と同じく「空」の概念を生み出したと考えられます。

地水火風の四元素に、物体ではなく眼に見えない要素として宇宙の本質「空」（梵語キャ・虚空）が加えられ五元素説へと発展、生命万物を生成する根源の質料・素材として「気」がイメージされています。

これは現代の素粒子において、物質を構成する六種のクォークとは別に、電子の仲間としての六種のレプトンがある様に、物質を構成する直接的な四大元素とは別の種として、「気」が存在し、如何に集められても眼に見えずに物質に作用する極微「気」が存在する場・空間を、元素「空」として五大元素の一つとしています。

これは、万物を生成する素材であるという理由から、物質に関わる事象、精神世界に関わる現象にまで影響を与え、生気・気力・元気・陽気・病気・空気・大気などあらゆる世界に充溢していると考えられております。

極微（原子）を組成する更なる質料・素材という意味で、元素が想定されており、現代科学において追求されている原子より更に最小の素粒子に至る世界観が、かっての科学者である学僧達によって思索推察されております。

最も象徴的なのが、眼に見えないけれども生命維持には大切な「空気」であります。空（何もなく空っぽに見える空間の内実）には、気（この空間を生成させる質料・素材）が、ある。窒素・酸素・アルゴン・二酸化炭素等があると予測明言しており、同じく「病気」では病（わずらい、うれい、くるしみ）には、気（現象を引き起こす原因となる因子）がある。寄生虫・細菌類・ウイルス・ストレス等を予測して、対症療法を発展させております。

未だ解らぬ因子を想定して分析行動をするという点で、実証科学への芽生えがあります。観測観察の機器を手にしていなかった学僧達は、此処に至って、物質界の法則や精神世界の働きでは推測説明つかない事象の発生や現象を、四元素説以外の要素として「空」や「気」を想定して、さらにはそれらを根源的に左右する「こころ」・心の存在と心の働きを推察しようとしています。

〈現代の素粒子達〉

現代の量子論において、原子を構成する陽子・中性子等を構成する物質の基本粒子（電子・ニュートリノ等）・素粒子たちのサイズは、

日常の私たちの世界から原子・分子の世界に降り立ち、更に

その世界から分子・原子を見たサイズが素粒子のミクロ世界であります。

原子と原子核、原子核とニュートリノのサイズには巨大な隔たりがある為に、ニュートリノは全ての物質を通り抜ける事ができます。

日常生活ではニュートン力学が成り立っていますが、

あまりに小さく、観察しようとしても、光のエネルギーにより影響を受け、位置移動してしまい、位置特定ができず観測に不向きであり、

また素粒子たちはエネルギーを保有できるほどには、質量がほとんど無い為、

偶発的にピョコピョコと飛んで位置移動（量子飛躍）をしています。

これら小さき粒子達には―エネルギーが不連続であり、運動として粒子と波動の二面性を

有する―という特性があり、「ミクロの世界」では、従来の整然と確定的な物理学の思考は成り立たず、「位置と運動量（速度×質量）を両方を同時に確定することはできない」という大原則―不確定性原理―が成立しています。この基本を踏まえて更に、物質の根源に迫るべく新たな理論体系が思索を重ね模索されています。

（ニュートリノは電子の仲間レプトンに属し、質量を持たない未知の素粒子と考えられていましたが、近年別種のニュートリノに変わるニュートリノ振動により質量がある事がわかりました。）

大気は何もないように見えているが、風があり、酸素と窒素に満ち溢れている
宇宙は光を吸い込む深淵の闇だが、宇宙線が飛び太陽風が吹き素粒子たちに溢れている。

宇宙空間には太陽や星たち以上に、物質に組成されていない素粒子が満ちており、宇宙の構成成分であるダークマターとしては、ニュートラリーノとアクシォンが現段階での有力な候補とされています。

〈物質界・精神世界を超えた世界——こころ——への挑戦・座禅〉

原子や分子が、気や極微として置き換わり（量子論）、クオーク、レプトン等の素粒子が元素として取り扱われ（素粒子論）、現代の四大元素説とも云うべき「四つの力」（電磁気力・弱い力・強い力・重力）から、更に進んだ理論的推察である超ミクロ世界での「超ひも理論」やDブレーンの世界観を超えた、パラレルワールド等の、物質的世界観が構築されています。

現代科学において、事実確認・実証されているのはニュートリノ（二〇一五発見）で代表される素粒子理論までであり、それより高次の世界は理論値・推定値の世界であります。

宇宙や、ミクロ世界や超ミクロ世界等、スケールサイズの違いによって、そこで起こる現象・運動法則等はまったく異なっており、インフレーション、ビッグバン、初期宇宙創成以後、宇宙の膨張のまだ先にあるもの。さらには、原子・分子を超え、素粒子の超ミクロ世界の先に想定されているDブレーンを超え、時空の先にあるもの。

それ以上の先に、思索は届かず、現代科学が近代科学を凌駕しえたのは言語でなく、数学という言語により分析し得た様に、禅宗では、思索や感性ではなく極めて深い瞑想という感覚手法が用いられ究極への追究がなされています。

近代・現代の観測技術の発展は、光による観測（光学式望遠鏡・光学式顕微鏡）から電磁波による観測（電波望遠鏡・電子顕微鏡・電磁共鳴・加速器）と、我々の肉眼では可視観測できない世界を知らしめ、さらに、重力波の観測がなされた事で、未知の世界—宇宙の誕生—を見ることの出来る可能性が開けて来ました。

これらの観察・分析の手法として、思索推量を超える禅定・三昧の実践があり、宋の知識を得た栄西は、物質や思索を超えた働きを「こころ」としてとらえ、理論を超えた行動(内省)や実践(禅定・善行)の中に、意識を捨て去った、より高次の世界観を想定しています。

栄西禅師語る「大哉心乎」(大いなるかな心や)とは、心の大きさを語られているだけではなく、重源亡き後、奈良大仏殿を工学的知識により再建されたの同じく、又、医学知識を持って喫茶養生記を書かれた如く、極めて科学的かつ物理学的な思考に基づき、ウパニシャッド哲学での「梵我一如」をも踏まえて、当時の最先端科学の観点から無へ迫るべきとの啓示をされての言葉と言えます。（万物存在の中心・覚醒と宇宙・意識体）

平安末期には、いわゆる末法思想において語られている如く、日本独自の戒律解釈の変更がなされ、仏教者としての生活規範がないがしろにされていた当時の日本仏教の危機的状況を憂い、自らの入宋経験に従い中国禅の叢林規範である「清規」を取り入れ、僧院での集団生活においては求道者たるべく自給自足「作務」に基づいて自らを律し、「座禅」による無への追究を実践としている。（**禅戒一致**・禅宗は戒律を以て宗となす）僧院にいて、禅の実践者としての求道者とは異なり、仏教徒として悟りを求める者が学ばねばならない三学として、戒律・心の統一・智慧が挙げられ、**八正道が**生活規範とされている。（注　八正道は最後ページ参照）

同じく、曹洞宗・道元は、求道者に対して、釈迦にさかのぼる「正伝の仏法」にいたる最大の生活規範として「禅苑清規」を取り入れ、「只管打坐」としてひたすらに座禅する事をすすめています。

【注釈】

八正道

正見（正しい見方）　原因・結果の道理を信じ、誤った見方をしない。

正思（正しい考え）　欲にふけらず、貪らず、怒らず、害う心を持たない

正語（正しい言葉）　偽り、無駄口、悪口、二枚舌を離れる

正業（正しい行い）　殺生、盗み、邪な愛欲を行わない

正命（正しい生活）　人として恥ずべき生き方を避ける

正精進（正しい努力）　正しい事に向かい、怠ることなく努力する

正念（正しい落着き）　正しく思慮深い心を保つ

正定（正しい精神統一）　正しい目的を誤らず智慧を明らかにして精神統一をする

注

現代科学では、あくまでも物質に関わる現象として検証されていますが、仏教においては物質に限定されず精神世界にまで関与するものとして、元素「空」が扱われています。物質に限らず、精神世界やそれ以上の世界を探る為に、心理作用・生命作用を探る。その実践としては、言語や理論でなく、研ぎ澄まされた感覚の世界によって探られるべきで、自らの仏に問う内省が重視され、実践として座禅や作務が行われています。

注

以下に、般若心経の解釈を示します。

仏陀の教え「自らを灯火とし自らをよりどころとすべし」の言葉に従い、佛は衆生一人一人の内に居られる無位の真人であるとして、一切の想いを表出した人格化された神仏は、表記していません。（偶像崇拝の排除）

般若＝宇宙の定理・叡智

波羅密（多）＝最高パラミーの状態タ・彼岸パラに行ったイタ・悟りに至る波＝波及する、拡がる、波動

羅＝連なる、

密・多＝究極最高・状態＝密度の多い＝充実した

五蘊＝色・受・想・行・識の五つの集まり（蘊）

羯諦＝直覚にして悟れ＝覚れ

羯（ケツ）＝野羊、羯鼓（カツコ）、太鼓の一撥（弾《はじ》く）で両面を打つ、直覚する

諦＝明らかにする、さとり。

注意すべきは、般若とされる宇宙の定理・叡智は、別にあるのでなく、般若心経に書かれている論理・思想・考え方自身である事である。

度＝わたる、はかる、救済する、済度の意

栄西禅師　略年表

西暦	年齢	記事事項
一一四一	1才	岡山吉備津神社宮司　父・賀陽《かや》貞遠氏と母・田氏 の子として出生
	11	安養寺静心に師事　倶舎論（存在・世界・輪廻等を説く印度仏教入門書）
	14	叡山にて出家（受戒）
	16	保元の乱（後白河天皇と崇徳上皇の争い・源平の活躍）
	17	静心の逝去に伴う法兄千命への師事
	19	有弁より顕教（公の釈迦の教え）を習う。大蔵経に閲す。
		平治の乱（六波羅探題・平家の台頭）
	27	平清盛太政大臣になる。
一一六八	28	入宋、天台座主明雲に「新章疏」60巻呈上・宋にて重源に出会う。
	36	大蔵経を宋国に求める。
	37	天台座主明雲　配流
	39	平重盛逝去
	40	源氏の挙兵
		平清盛逝去

43　平家一門の都落ち・明雲逝去

神泉苑にて請雨祈祷にて「葉上上人」の号拝命。

一一八七　47　二回目　入宋　「千光祖師」の号を拝命

虚庵懐敞より菩薩戒を受ける

51　大蔵経三回、閲す。帰国

52　源頼朝　征夷大将軍

一一九八　58　「興禅護国論」

59　源頼朝逝去

一二〇二　62　建仁寺建立

一二一一　71　「喫茶養生記」

一二一五　75　逝去「入唐縁起」

補注

葬送の地・鳥野辺へ至る六道の辻

六道珍皇寺、六波羅蜜寺の在る六波羅にあった清盛屋敷跡地に鎌倉幕府六波羅探題（現・開晴小中学校）が置かれ、重盛屋敷跡地に建仁寺が建立されている。

清盛（泉殿）・重盛（小松殿）・教盛（門脇殿）・頼盛（池殿）は、それぞれ町名として残されている。

《参考文献》

生命を知るための基礎科学　分子の目線でヒトを見る　川井正雄著　丸善出版
コア講義　生物学　田村隆明著　裳華房
医学の歴史　梶田昭著　講談社学術文庫
これならわかる生理学　照井直人著　ナツメ社
遺伝のしくみ　経塚淳子監修　新星出版
一番よくわかる　脳のしくみ　加藤俊徳監修　メイツ出版
生物と無生物のあいだ　福岡伸一著　講談社現代新書
生命とは何か　シュレディンガー著　岡小天・鎮目恭夫訳　岩波文庫
宇宙の謎としくみ　二間瀬敏史監修　洋泉社
宇宙論入門　誕生から未来へ　佐藤勝彦著　岩波新書
最新素粒子の世界　京極一樹著　実業之日本社
図解量子論がみるみるわかる本　佐藤勝彦監修　ＰＨＰ研究所
宇宙の謎と不思議２０１４　二間瀬敏史監修　洋泉社
ヒッグス粒子素粒子の世界　村山斉監修　株式会社ニュートンプレス

おもしろいほどよくわかる仏教のすべて　金岡秀友監修　田代尚嗣著　日本文芸社

「あの世」の名画　絵画で読み解く世界の宗教　倉持不三也著　実業之日本社

お経のわかる本　松涛弘道著　広済堂

般若心経のすべて　公方俊良著　日本実業出版社

お経がわかる本　藤井正雄著　双葉社

日本の禅語録第1巻　栄西　古田紹欽著　講談社出版研究所

栄西　伊藤古鑑著　雄山閣

興禅護国論　栄西著　貝葉書院

禅聖典　禅聖典編集委員会編　臨済宗連合各派布教団

岩波　仏教辞典　中村元・他編集　岩波書店

―他―

あとがき

どれほど、彼は泣いたであろうか
どれほど、彼は語らずにいたであろうか
どれほど、彼は天を仰ぎ嗚咽したことであろうか
叶わぬ世界に行ってしまった人々を、どれほど
彼は引き戻そうと努力したことであろうか
その淵に立って、師は心乱らせ嘆きになげき
彼らを取り戻そうと祈りに祈ったであろう
自らを汚辱にまみれた黒衣に着せ、路傍に花をおき
心安らかにおられる様に、枕に立ち、風にさらされる人々に
名を与え、新しい旅立ちを日々おくり続ける。

栄西は、国家、衆生を論ずる前に、僧であられた。
多くの僧が死に向き会う以前に、僧医であって、貧民・病者を救済する社会事業を

盛んとして、肉体の健康を医に拠り、精神の健康を禅に寄るべく、
師は「医」と「禅」の二門を建てるとされている。

超極小の素粒子（レプトン・クォーク等）が集まって、
極小の分子・原子を構成し、
分子原子レベルの結合・分離によって、
無機・有機の物質世界が秩序建てられ、
やがては、自然界においてうごめく生命体がうまれ、
私たちの先祖は、昆虫達と同じく、
「自他」の区別・認識がなく、自己保存の作用として、
圧迫や刺激に、反応して動き滅し生まれていたと思われる。

脳の発達は、
自他未分化な意識の中で、
比較対照して認識・判別するという平面的な思考から、

道具や相手・第三者を利用する学習をかさね、
第三者の行動予測・客観的な自己利益の予測をすることで、
自他の分離意識を持ち、
予測される相手と望む自分と云う抽象的な概念を自己の意識の中で造り上げ、
相手と自分、過去と現在・未来という立体的な考え方の出来る
可能性を生みだしました。

―相手の立場に立って思考・判断出来ること、―
―自己の宇宙と他者の宇宙が共有響鳴出来ること、―
―生が有限であり、死―みずからが無くなり、消え去ること―を、
釈迦・基督らの先師・祖師から教えられ、この機縁を歓ぶべしと、知らしめられました。

結果は現在であるけれども、
どのようにして、粒子たちが生まれ、結合を繰り返していったのか

どのように、膨大な数の細胞がそれぞれの役割を果たすようになったのか
どうして、相手を認めなければ意識は成立しないのか
無の中に、意識・認識だけでは何も存在しない
他者の宇宙を認識して、初めて自己の宇宙が認識できる。
自己の宇宙の存立の為には、他者の宇宙が存立し得ていなくては、成立しない。

栄西は、恩師の死の前に、自己の世界の崩壊を見たのである。

恩師は、個を悲しむ前に、衆生を悲しむべくと説いたのである。

臨終に立ち会うとは、自己の宇宙と相手の宇宙の狭間・深淵を覗き込むことである。

138億年と云う、想像を絶する時間を賭けて　得られた意識の狭間に、
栄西禅師が見られた「心」

自らの肉親の臨終に立ち会えぬ程に、生きる意味と感動を失いつつ在るのでは。

九拝合掌

小島隆夫

現代語釈般若心経　英文訳

英訳　須藤千要子

般若心経（和訳）の英文
Splendid Young and Fresh Heart Sutra.
Awake yourself with no worries.
Spread your fresh mind widely,
Notice that all we feel, think, act and decide are changing.
Therefore all our suffering and worries will be removed.
O Sharishi,
A thing that has a form is not different from what makes a thing.
What makes a thing forms a thing that has a form.
Mind and body, each with its own form, are the same as what makes them.
What makes them forms mind and body.
What we feel, think, act, and decide,
is the movement of our mind and body and is also formed and changing.
Sharishi,
Reason, thought and all things in this world are also changing.
They are not born, nor do they die.
They are neither impure nor pure.
They neither increase nor decrease.
Therefore nothing is fixed in form.
Sense, image, action, and realization are changing.
And even eyes, ears, nose, tongue, body, and mind are changing.
Sight, sound, smell, taste, touch, and thought are changing.
Everything is changing from the world of sight to thought.
There is no stupidity.
And there is no end to stupidity.
There is no decay or death.
And there is no end to decay and death.
No suffering, no cause of suffering, no need to solve suffering.

Han-nya　Shin-gyo	般若心経
ma-ka-han-nya-ha-ra-mi-ta-shin-gyo	摩訶般若波羅密多心経
kan-ji-zai- bo-satsu	観自在菩薩
gyo- jin- han-nya- ha-ra –mi-ta- ji	行深般若波羅密多時
syo- ken-go-un- kai- ku	照見五蘊皆空
do- issai- ku –yaku	度一切苦厄
sha-ri-shi	舎利子
shiki- fu- i- ku	色不異空
ku- fu- i –shiki	空不異色
shiki- soku- ze- ku	色即是空
ku- soku- ze- shiki	空即是色
ju- so- gyo-shiki	受想行識
yaku- bu- nyo –ze	亦復如是
sharishi	舎利子
ze- sho-ho- ku-so	是諸法空相
fu-sho- fu-metsu	不生不滅
fu-ku- fu-jo	不垢不浄
fu-zo- fu-gen	不増不減
ze- ko- ku- chu	是故空中
mu-shiki-mu- ju- so- gyo- shiki	無色無受想行識
mu- gen-ni- bi- zetsu- shin- i	眼耳鼻舌身意
mu- shiki-sho- ko- mi-soku- ho	無色声香味触法
mu- gen- kai- nai-shi- mu- i-shiki- kai	無眼界乃至無意識界
mu- mu-myo	無無明
yaku- mu- mu-myo- jin	亦無無明尽
nai-shi- mu- ro- shi	乃至無老死
yaku- mu- ro- shi- jin	亦無老死尽
mu- ku- shu- metsu- do	無苦集滅道

般若心経（和訳）の英文
No need to be related to or affected by suffering.
With nothing to be gained,
as a living being with true understanding,
spread your young and fresh mind widely.
We are free from difficulties.
Because we are free from difficulties, we have no fear.
Released from all stupid thought and wrong understanding,
the fires of earthly desires are put out and we gain true understanding.
Inner Buddhas of past, present and future.
Spread your young and fresh mind widely.
Attain supreme enlightenment.
Thus we know the fresh mind,
We will enter the supreme realm.
This is a great work of mind, repeat to yourself spiritually.
This is a bright wisdom, repeat to yourself spiritually.
This is a supreme teaching, repeat to yourself spiritually.
This is nothing to be compared, repeat to yourself spiritually.
Sweep away all suffering.
This is the truth, not a lie.
Spread your young and fresh mind widely, repeat to yourself spiritually.
Preach to yourself right away.
Get enlightenment, get enlightenment, go and gain true understanding.
Spread the teaching, priest, preach and make people understand.
Put out all the fires of earthly desires and refresh your mind and body.
Be happy.
Young and Fresh Heart Sutra

Han-nya Shin-gyo	般若心経
mu- chi- yaku- mu- toku	無知亦無得
i- mu- sho- toku- ko	以無所得故
bo-dai- satsu-ta	菩提薩垂
e- han-nya- ha-ra- mi-ta-ko	依般若波羅密多故
shin- mu- kei- ge	心無罫礙
mu- kei- ge- ko- mu-u-ku-fu	無罫礙故無有恐怖
on-ri- issai- ten-do- mu-so	遠離一切顛倒夢想
ku- kyo- ne-han	究竟涅槃
san-ze- sho- butsu	三世諸仏
e- han-nya- ha-ra- mi-ta- ko	依般若波羅密多故
toku- a- noku- ta-ra	得阿耨多羅
san- myaku- san- bo-dai	三藐三菩提
ko- chi- han-nya-ha-ra- mi-ta	故知般若波羅密多
ze- dai-jin- shu	是大神呪
ze- dai- myo- shu	是大明呪
ze- mu- jo- shu	是無上呪
ze- mu- to- do- shu	是無等等呪
no- jo- issai- ku	能除一切苦
shin-jitsu- fu- ko	真実不虚
ko- setsu- han-nya- ha-ra- mi-ta- shu	故説般若波羅密多呪
soku- setsu- shu- watsu	即説呪曰
gya-tei gya-tei	羯諦羯諦
ha-ra-gya-tei	波羅羯諦
ha-ra- so- gya-tei	波羅僧羯諦
bo-ji-so-wa-ka	菩提薩婆訶
han-nya-shin-gyo	般若心経

般若心経（現代和訳）英文訳
Splendid Young and Fresh Heart Sutra.
We should be like bodhisattvas who have no worries.
We have wisdom to realize phenomena and know how to solve problems.
When we deepen our wisdom and spread that fine wisdom like a net which covers everything, we can recognize that the five elements which make up our mind and body are also changing fluidly. ※
Therefore we can be free from all suffering and worries.
O Sharishi,
Matter is composed of tiny molecules, atoms, and even tinier elementary particles of quarks and leptons.
Tiny molecules, atoms, and even tinier elementary particles make up physical substance.
And our physical body is composed of these same tiny particles that are coming in and out at all times. So our body is always fluid yet also keeping its shape.
Well organized molecules, atoms, and elementary particles themselves are the physical body.
Four functions of body, feeling, image, activity, and discrimination,
are also fluid and work harmoniously.
Sharishi,
Phenomena and the laws of the nature are also fluid and changeable.
They are not born, nor do they die.
They are neither impure nor pure.
They neither increase nor decrease.
There is no fixed form.
Sense, image, action, and realization are not fixed.
There are no fixed eyes, ears, nose, tongue, body, or mind.
Sight, hearing, smell, taste, touch, and even consciousness are changing.
From the world of sight to consciousness, everything is changing.

※ The five elements : body, feeling, mental activity, discrimination, and judgment.

Han-nya Shin-gyo	般若心経
ma-ka-han-nya-ha-ra-mi-ta-shin-gyo	摩訶般若波羅密多心経
kan-ji-zai- bo-satsu	観自在菩薩
gyo- jin- han-nya- ha-ra –mi-ta- ji	行深般若波羅密多時
syo- ken-go-un- kai- ku	照見五蘊皆空
do- issai- ku –yaku	度一切苦厄
sha-ri-shi	舎利子
shiki- fu- i- ku	色不異空
ku- fu- i –shiki	空不異色
shiki- soku- ze- ku	色即是空
ku- soku- ze- shiki	空即是色
ju- so- gyo-shiki	受想行識
yaku- bu- nyo –ze	亦復如是
sharishi	舎利子
ze- sho-ho- ku-so	是諸法空相
fu-sho- fu-metsu	不生不滅
fu-ku- fu-jo	不垢不浄
fu-zo- fu-gen	不増不減
ze- ko- ku- chu	是故空中
mu-shiki-mu- ju- so- gyo- shiki	無色無受想行識
mu- gen-ni- bi- zetsu- shin- i	眼耳鼻舌身意
mu- shiki-sho- ko- mi-soku- ho	無色声香味触法
mu- gen- kai- nai-shi- mu- i-shiki- kai	無眼界乃至無意識界

般若心経（現代和訳）英文訳
There is no ignorance.
And there is no end to ignorance.
There is no decay or death.
And there is no end to decay or death.
No suffering, no cause of suffering, no need to solve problems.
Not to be involved in suffering and problems.
Nothing is influenced by anything.
All living beings without suffering
can reach the supreme state if we have a fresh mind which extends like a net covering the ocean.
Originally we have no obstacle in our mind.
Because we have no obstacle in our mind, we have no fear either.
Then we leave behind all destructive thoughts and daydreams.
We will enter the enlightened area where the fire of earthly desires is extinguished.
Inner Buddhas of past, present, and future,
reach the supreme state by a fresh mind that extends like the waves of the ocean.
Then you will gain supreme enlightenment.
Notice your fresh mind that can grasp and solve problems.
Make things harmonious and make things supreme.
It is the mysterious and miraculous mind power that makes everything, we repeat to ourselves.
It is the excellent wisdom that you master the original psychology, we repeat to ourselves.
It is the supreme enlightenment, we repeat to ourselves.
There is nothing greater than this, we repeat to ourselves.

Han-nya Shin-gyo	般若心経
mu- mu-myo	無無明
yaku- mu- mu-myo- jin	亦無無明尽
nai-shi- mu- ro- shi	乃至無老死
yaku- mu- ro- shi- jin	亦無老死尽
mu- ku- shu- metsu- do	無苦集滅道
mu- chi- yaku- mu- toku	無知亦無得
i- mu- sho- toku- ko	以無所得故
bo-dai- satsu-ta	菩提薩垂
e- han-nya- ha-ra- mi-ta-ko	依般若波羅密多故
shin- mu- kei- ge	心無罫礙
mu- kei- ge- ko- mu-u-ku-fu	無罫礙故無有恐怖
on-ri- issai- ten-do- mu-so	遠離一切顛倒夢想
ku- kyo- ne-han	究竟涅槃
san-ze- sho- butsu	三世諸仏
e- han-nya- ha-ra- mi-ta- ko	依般若波羅密多故
toku- a- noku- ta-ra	得阿耨多羅
san- myaku- san- bo-dai	三藐三菩提
ko- chi- han-nya-ha-ra- mi-ta	故知般若波羅密多
ze- dai-jin- shu	是大神呪
ze- dai- myo- shu	是大明呪
ze- mu- jo- shu	是無上呪
ze- mu- to- do- shu	是無等等呪

般若心経（現代和訳）英文訳
It can get rid of phenomena of disorder.
It enables us to see the true world not delusion.
It is said that a fresh mind and fine wisdom expand like a huge net covering the ocean and make the world supreme and harmonious.
So let us preach the teaching and tell it to ourselves right now.
Awake and get enlightenment. Reach enlightenment.
Spread this teaching, priest, make people enlightened.
Let us extinguish all the fires of earthly desires and refresh our mind and body.
Be happy.
Young and Fresh Heart Sutra

Han-nya Shin-gyo	般若心経
no- jo- issai- ku	能除一切苦
shin-jitsu- fu- ko	真実不虚
ko- setsu- han-nya- ha-ra- mi-ta- shu	故説般若波羅密多呪
soku- setsu- shu- watsu	即説呪曰
gya-tei gya-tei	羯諦羯諦
ha-ra-gya-tei	波羅羯諦
ha-ra- so- gya-tei	波羅僧羯諦
bo-ji-so-wa-ka	菩提薩婆訶
han-nya-shin-gyo	般若心経

取材協力

奈良国立博物館
岡山県立博物館
建仁寺　両足院
大将軍八神社
高野山真言宗　高倉寺宝積院
松田　光（仏教美術史家）
宇宙航空研究開発機構（ＪＡＸＡ）展示館
　宇宙科学研究所（ＩＳＡＳ）相模原キャンパス
　つくば宇宙センター（ＴＫＳＣ）スペースドーム
小鑓　幸雄（宇宙科学・航空宇宙工学研究者）

著　者

小島　隆夫（美術思想家）
古美術の月刊誌『小さな蕾』にて「名店探訪」を不定期連載。
東京芸大百周年記念大茶会を始めとする諸大茶会を紹介。
著書に『禅と茶』（創樹社美術出版）がある。

本書には、今日の観点からみると差別的表現ととられかねない箇所がありますが、作品内における歴史的背景や状況を理解していただく為、歴史的表現としてそのままにしてあります。

現代宇宙観と般若心経

発行日　2016 年 9 月 16 日　第 1 刷発行
著　者　小島隆夫
発行人　伊藤泰士
発行所　株式会社　創樹社美術出版
〒113 - 0034 東京都文京区湯島 2 - 5 - 6
TEL 03 - 3816 - 3331
FAX 03 - 5684 - 8127
http://www.soujusha.co.jp/

印刷・製本　モリモト印刷株式会社

ISBN 978-4-7876-0096-7 C0095